你22歲前就該懂 有錢人的逆思考

跟著常規走只會受困「平庸鳥籠」!
人生關鍵點,你得和別人想法不一樣

金川顯教—著 高橋功一郎—漫畫 高佩琳—譯

マンガ 稼ぐ人に共通する、最強の法則 頭のいいバカになれ!

方言文化

前言

有錢人的成功法則

有錢人、成功人士身上都能找到這個共通點，無論是賈伯斯或松下幸之助，他們在功成名就之前，都不可避免地遭遇過挫折。

像我自己就是這樣，父母離婚、就學時學力測驗的偏差值總是吊車尾，畢業後進入自己一直憧憬的企業，但最終也離開，而且提出辭呈的當下，周遭的人都懷疑我是不是「頭殼壞掉」了……。

不過說實在的，在我那時候並不像現在，充滿時興所謂「做自己喜歡的事情」的風潮，所以我那反其道而行的作為，堪稱相當地大膽驚人。

我在一開始提及的成功人士，他們都不受一般常識的束縛，反倒是不斷地展開新挑戰的人。受到他們的影響之下，我也想靠自己的雙手，開拓出自己的人生，這些都成為支持我邁向夢想的強力後盾。

如果只是想安安穩穩地過日子，或許只需要到公司上班好好工作，獲取穩定的薪水收入就可以了，我這麼說並沒有否定上班族的意思。不過就我的看法：「任何人都能夠讓自己不同凡響」，這也是我想透過這本書所表達的立場。

我並非要讓你照著我的方式來做，而是只想傳授成功法則，也就是詳細介紹，我自己是如何靠「聰明笨方法」來取得成功。

人生當中沒有所謂的正確答案，你要經常對常識存疑；不要將自己的人生交由他人決定，也不要以賺錢為最終目的，而是要活出屬於自己的人生。

現在，我將把自己具體實踐的成功習慣術，統整成淺顯易懂的漫畫穿插於書中，對時下的年輕人來說自然很容易體會。倘若這些內容能讓各個年齡層的讀者都願意鼓起勇氣來展開新挑戰，這將會是我最大的榮幸。

目次

第2章 「資訊弱能」難競爭，學會輸出＋輸入的新知吸收力

第3章 人生別浪費，學會時間管理，生活與財富的完美平衡

第5章

發揮卓越致勝力，世界頂尖領導者都在做的五件事

第 1 章

生涯巨大成就，脫離常軌的「聰明傻瓜」才辦得到

大家好！我是金川顯教！
我今年33歲，
和愛犬摩可一起住在六本木的公寓大廈。
摩可～過來♫
汪！

開著愛車瑪莎拉蒂去兜風，是我的興趣。
轟轟
轟轟
能過這種生活，是因為我擁有好幾家不同事業的公司。
不過，我一天頂多工作3小時，
而且都是只要在手機上動動手指就可以了。
現在的我，無論精神或物質方面都過得很有餘裕。
然而，這絕非因為我擁有什麼特別才能。
我高中時的學力測驗偏差值*只有35，
是個連ABCD都背不到最後的笨蛋。

* 譯註：日本高中學歷偏差值通常以50為平均值。75最高，25最低，70以上有機會錄取東京大學或私立名校。

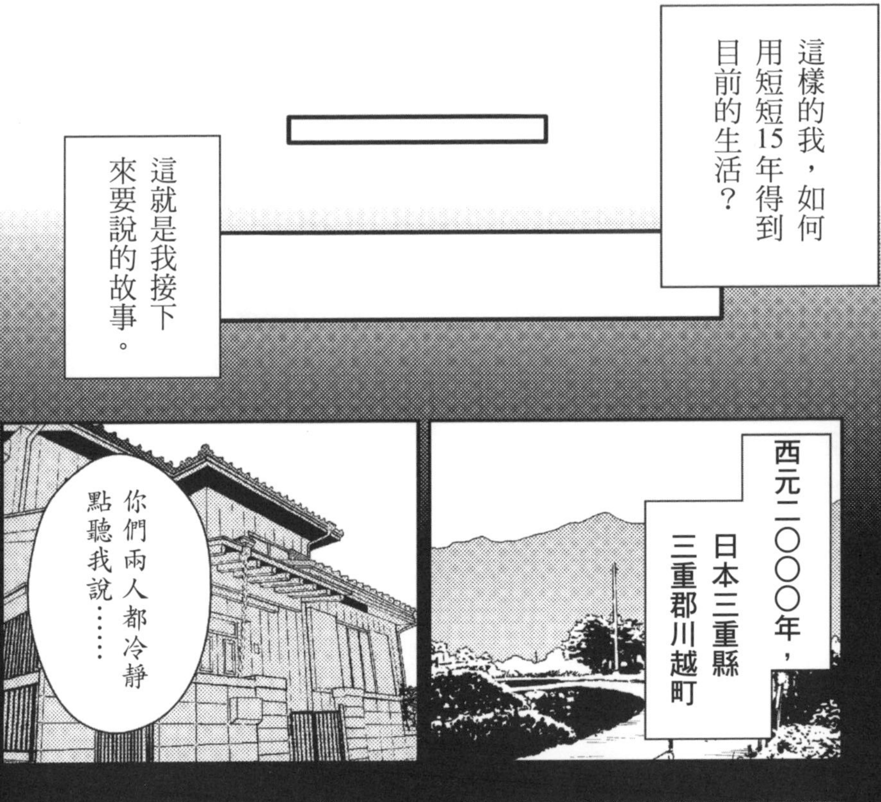
這樣的我，如何用短短15年得到目前的生活？
這就是我接下來要說的故事。
西元二〇〇〇年，日本三重縣三重郡川越町
你們兩人都冷靜點聽我說……
我和媽媽要離婚了……
金川顯教
14歲，國中二年級。

所以，哥哥和顯教你們自己決定，想跟爸爸還是媽媽。
什麼！等等，這是怎麼回事？
不要，我不要！為什麼會這樣？
抱歉……
父母突如其來的離婚宣告——
對我來說簡直如同晴天霹靂般的事件。

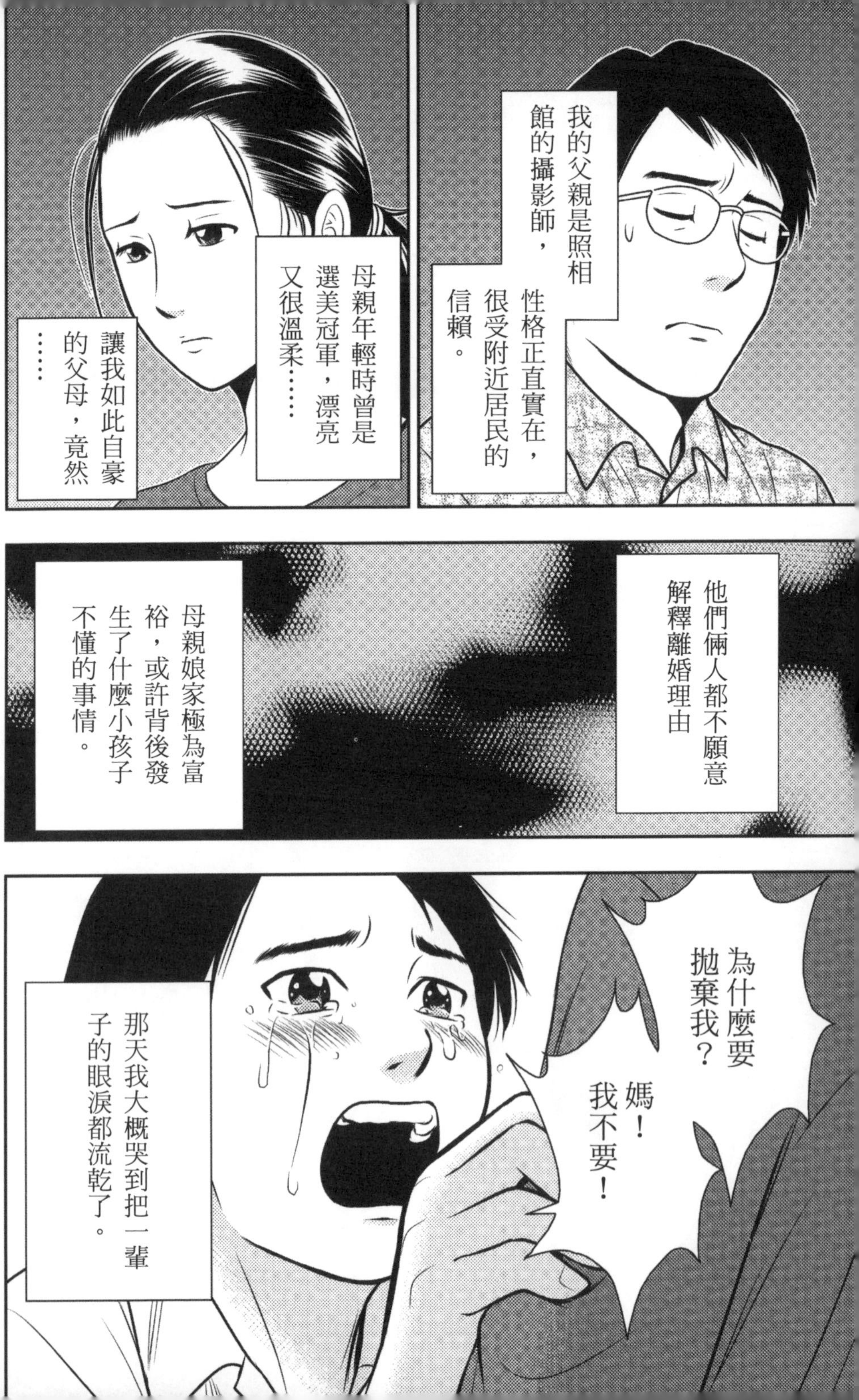
我的父親是照相館的攝影師，
性格正直實在，很受附近居民的信賴。
母親年輕時曾是選美冠軍，漂亮又很溫柔……
讓我如此自豪的父母，竟然……
他們倆人都不願意解釋離婚理由
母親娘家極為富裕，或許背後發生了什麼小孩子不懂的事情。
為什麼要拋棄我？
媽！我不要！
那天我大概哭到把一輩子的眼淚都流乾了。

最後，我和哥哥跟著爸爸留在老家，
媽媽則搬到橫濱去了。
在那之前，我只是個仰慕鈴木一郎的普通棒球少年，
ICHIRO 51
在那之後，我就走了點歪路。
瞪
這導致我的學業成績一落千丈，
同年級一一〇人中，排名落到一〇〇名之後……幾乎科科墊底。
15
以老爸的收入，我絕對去不了得花大錢的私立學校……
考不上公立學校是不行的……
糟糕！不能再混了！

雖然拚死命用功讀書，成績卻沒太大進步，
最後只考上偏差值僅需四十三、倍率〇・九七，
幾乎人人都上得了的公立高中。

那個學校，九〇%男生都是混混，
八〇%女生是褐髮辣妹……
說穿了，是一間爛學校。

入學後，我加入了管樂社，因為那裡有較多的可愛女生。
然而樂譜什麼的，我完全看不懂，
只好選比較少人會選擇的長號……
那年夏天，我和學長在社辦玩煙火時，被老師逮到（處罰為停學三天），
喂！
又被暫時禁止在社辦活動。
偏偏在大會前，大家都巴不得多練一秒的時候，出了這種狀況……
我真爛……
這樣下去不行！
我得加緊練習長號！

從那天起，我完全投入到練習之中。
音樂太棒了！
還能交到好朋友，
這就是我未來該走的路！
我要成為職業音樂家！

很遺憾，這個夢想在瞬間破滅。
顯教，抱歉。
家裡沒錢讓我上音樂大學
十八歲的我，頓時失去了前進的道路。
恍恍
惚惚
接下來該怎麼辦？
雖然有股莫名想成功的念頭，
卻完全不曉得該怎麼做……
總之先上大學……
於是，高中三年級時參加了全國模試。

結果卻是……
偏差值
噔
35
咚
蹡
三十五？
蹡
這級分也太低了吧！
消～沉
我到底有多笨呀……
我沒救了……
這樣下去……
一輩子都抬不起頭來了……
絕對不能放棄！

所有人都是背負著痛苦上場的！
鈴木一郎!?
以前在書上看到的鈴木語錄突然浮現眼前。
我之所以埋頭苦練，
是因為不想讓挖掘我的球探臉上無光。
你，是為了什麼用功讀書？
呃……我……
我……

爸爸……
他一個男人把我養大……
是為了我爸讀書！
為了讓爸爸更輕鬆一些，我想考上一流大學！
鈴木大神，謝謝你！
從那天起，我立下了這個目標。

那天之後，我雖然發憤用功，
卻沒能力挽狂瀾，應屆考上一流學校。
只好進入名古屋一間升學補習班，準備重考。
河合塾
然後每天只睡二、三小時，
從早上五點到半夜三點，
每天拚命埋進書堆唸書。
偏差值終於提高到五十八。
終於進步了……
早稻田、慶應、關關同立*……
距離這些超一流大學只差一步了！
今年一定能考上！
*譯註：日本關西地區四所知名私立大學簡稱，關西大學、關西學院大學、同志社和立命館。

然而——
通知
本校下列入學考試不合格。
特此通知
慘烈到全部槓龜……
回過神來，我已隻身在夜路上漫無目的地徘徊。
為什麼？
嘰
嘰
嘰
嘰
每天花了二十小時唸書……
到底為什麼呀？

啊，不管了！
去你的隨便啦！
五十五萬
鏘
咚
咦？
付錢！五十五萬！馬上付！
我…我只有一萬……
那就給我交出駕照或學生證！

我是重考生，什麼都沒有……
那就告訴我電話！
好……
隔天，我哥就接到了確認電話，
但因為立即把手機解約，整件事不了了之。
對不起……
那天之後，我的想法有了改變。
負面思考是不行的……
光是一昧地苦惱也沒用……要拿出行動才行。
絕對不能再為難老爸了，
第二次重考是背水一戰！
我要挑戰跟過去不同的方式讀書！

首先，我覺得光靠一個人的努力有限，
所以結交了志同道合的夥伴。
河合塾
当ビル向い
若任由自己隨意挑選夥伴，肯定也會找上頭腦一樣不好的同類，
這樣就毫無意義了。
コラァ!
因此，我鎖定補習班中特優升學班的人，
靠著搞笑與風趣來親近對方，
成為了一起念書的夥伴。

練習解題時，先抄寫一遍解答欄的答案，
之後再回到問題欄位……
哇！超強！這樣就能記住了！
反向思考法呀……
置身程度高的地方，就能提升自己的程度，
我的學力終於直線攀升。
然後，隔年春天
咚
立命館大学
(本人保存)
年 月
学長
合格通知
測驗方式
考試號碼
姓 名 金川顯教
您參加 年度 的第一年次考試結果：
合格。
鏘

我考上京都知名的立命館大學。
而且是我高中母校創立二十年來，第一次出現的成就。
顯教，辛苦你了……
爸爸，謝謝，這只是開始！
我一定會讓老爸你輕鬆享福的！

咚
咚
鏘
目標！
大學在學期間參加會計師檢定考試
取得證照！
公認会計士試験
合格！
從那天起，我又開始一天十六小時以上的苦讀。
日本企業會優先錄取應屆新鮮人，
然而重考兩次是我身上背負的巨大障礙。
缺乏特別才能的我，想當有錢人讓老爸享清福……
只有三條路
・在大企業工作
・自行創業
・取得困難的國家證照

應居優先的大企業和花錢的創業根本不可能，
這樣一來——
只剩下通過某項國家考試這條路了！
很花錢的醫師執照，想都別想……
不過，會計師資格考只要努力就能辦到！
對，就是這個！
我拜託父親讓我在大學之餘，去上會計師檢定考試的補習班。
都讓父親做到這種地步了，我沒有不通過考試的藉口！
傾全力每天只顧著讀書。

某一天——
誰呀，大半夜打來……
!!
母親
顯教，好久不見，最近好嗎？
啊，嗯……
一個人住還習慣嗎？
嗯，完全可以。
果然還是媽媽的聲音讓人安心……
母親
那個，顯教啊
抱歉現在才問……

只有顯教也好，你願意改姓嗎？
媽媽找我商量改姓收養。
我無論如何都想擁有親子關係的證明，
顯教，拜託你。
雖然覺得這麼做對撫養我長大的父親很不好，
但我心中卻非常想念母親，
我沒再多想就一口答應了
不料，父親知道後強烈反對
你永遠都是我家的小孩！

爸媽之間的關係，比離婚當時更加惡化，
我決定回老家一趟，
直接與他們當面溝通，想盡辦法讓兩人和好了。
原來爸媽兩人都這麼愛我……
我一定要更加努力！
後來——

二〇〇九年，我以大學生之姿，通過公認會計師資格考試——
第 12375 号
合格證書
金川顯教
公認會計師考試結果為合格，特發證書，以茲證明。
平成21年11月26日
公認會計師・監察審查會會長 金子
接著，我也被大型監察法人之一的德勤錄取了。
德勤的薪水比一般企業高出很多，
大學剛畢業就有六百萬日圓
到了四十歲，預期年收可達二千萬日圓，是一家發展性或穩定性都很優越的企業。
待在這間公司，就能讓父母享福了。
我達成自己立下的目標。

然而……
呆——
金川，怎麼了？
啊！
雖然通宵工作很難受，但你要加油喔！
好、好的。
怎麼回事？明明得到渴望的目標，卻一點也不開心……
來找本書看看吧……
書店

富爸爸，
窮爸爸
羅勃特・T・清崎
羅勃特・清崎？
沒聽過耶……
《富爸爸，窮爸爸》
這本不經意拿起來翻閱的書，
啪啦啦……
翻轉了我的命運。

作者在書中描寫了兩位不同的父親。
一位是受過優良教育，性格認真，在公司上班的菁英父親；
另一位則是連高中都沒畢業的低學歷父親。
兩人年老後，發生了什麼樣的變化？
晃晃
搖搖
菁英父親辛苦工作一輩子，卻沒能擁有資產，成為「窮爸爸」；
低學歷父親以企業主之姿獲得成功，成為「富爸爸」。
呵呵
作者認為，這兩個人的差別，就在於是否掌握了財富知識。

其中這一句話——
「就算你考上好大學，接著到大企業工作，若欠缺財富知識，也只是站上倉鼠轉輪的入口罷了。」
倉鼠轉輪……
在籠子裡跑不停的老鼠……
毫無目的又不停勞動的狀態……
這……
根本就是現在的我呀！

想要擺脫這種狀態，只能創業或成為投資家……
那天起，我開始閱讀關於金錢、理想人生之道的書籍，從中學習。
而我內心產生的新理想，就是——
時間比金錢更重要。
自由就在於你自己的時間多寡……
亦即，這是能否掌控自己人生的表徵。

我要竭盡所能用最短的勞動時間，更有效率地累積財富，
打造出自由時間。
想做什麼不用留待以後，現在馬上就做。
沒錯，這是我今後想要的成功
別無其他！

三年後——
辭職?!
是的，我想自己出去創業。
你是認真的？
對。
其實，我這三年之間都有在經營副業。
副業？
沒錯，我開設了個專門集結最新演藝秘辛的部落格，
透過報酬型廣告來賺錢。

開始的頭兩週，賺了二十萬日圓。
接著將這個成功方法，作為線上商品來販賣。
200000円
第一週
第二週
首先是提供免費資訊，
然後，對於想深入了解的人收取費用。
免費
STEP 1
付費
STEP 2
付費
STEP 3
目前每個月能賺數百萬日圓，
所以我想全職投入這門生意。
……
不過，這個事業欠缺穩定性，……
而我們可是一家絕不會倒的公司
能確保終生安穩唷。

我明白，不過
待在這裡，只能拚命工作為他人作嫁。
人生最重要的就是時間。
為了得到時間，我必須創業。
グッ
真的非常抱歉。
我知道了。
我想你會很辛苦，要全力以赴唷！
好的！非常感謝您！

為什麼要辭職？
真捨不得金川這麼優秀的人離開呀！
真的很抱歉。
一般人可能都覺得這是個很笨的決定吧……
可是，我的偏差值本來也只有三十五，
如果想同時擁有財富與精神上的自由，一定得做脫離常軌的事才行。

笨就笨吧！
有些事情，只有聰明的傻瓜才辦得到……
二〇一三年四月，股份公司成立了——
我就此展開了身為創業家的人生。

首先，我將創業的獲利和賺錢法作為資訊發送，並以月入一百萬日圓為目標，
創業家養成講座
經營了一間以培養創業家為目的的網路線上課程。
獲利方式是以推出動畫或電子報作為線上串流講座，
吸引使用者報名上課，並以收取顧問費作為公司收入。
第一年的營收為四千五百萬日圓；第二年起，進一步增加合作夥伴，拓展商品銷售、投資等領域；
第三年的營收達一億三千萬日圓，如今又成長了十倍以上。

現在工作實務方面都交由夥伴負責，
我的工作就是每天花將近三小時，在線上回覆會員的問題，如此而已。
我渴望的自由……實現了。
刷刷
不過，光這樣是不夠的

我還想要更多夥伴
讓更多人得到自由！
爸爸、媽媽、你們看著，
我還會繼續做更多！

質疑常識，活出自己，是成功捷徑

如同前面漫畫中所提及，我就讀的是入試偏差值僅需三十五的高中，更不用說在校成績排名還落在吊車尾。總而言之，升大學這件事光是用想的，都很不知天高地厚。

儘管如此，我也不願意放棄升大學，拚命準備升學考試，即便最後歷經兩次的重考，終究成功考上了立命館大學；其後也如漫畫所描繪，我利用在學期間通過公認會計師的資格考試。

為什麼像我這種升學高中失利的人，後來卻能考上大學，甚至還取得公認會計師合格證明呢？接下來，我將在本章揭曉其中的奧秘。

「逆向學習法」翻轉人生

對於一間偏差值僅有三十五的高中，你很容易明白我唸的是縣內數一數二的爛學校，也由於沒什麼學生畢業後能上大學，因此幾乎不曾聽過老師提起大學考試的話題。

置身於這種環境之下，作為應屆準考生的我來說，當時完全不清楚準備大學考試的唸書竅門，只曉得死記硬背。這種作為簡直就像想要成為運動高手，卻沒做實技練習，只顧著埋頭練體力一樣，絕對不可能有任何長進的。

不過，由於我當時根本不明白怎麼做，誤以為只要反覆地死記硬背，必定能靠「一點一滴的努力，累積出好成果」。更慘的是，我連睡眠有助於強化記憶這點也一無所知，導致自己不惜犧牲睡眠時間來念書，這也影響了大腦而經常處於放空狀態，最後連身體健康也都賠了進去。

像我這種狀況外的做法，高中應屆報考的所有大學全部都落榜，也是理所當然的結果。

成為重考生後，我認為「除非接受專家指導，不然很難有合格的把握」，也就報名了重考班。當時的念書方法是：先讀教材↓解題↓對答案，最後再寫心目中想考上的學校的考古題，採取這種和大多數人沒兩樣的傳統學習法。即便如此，第一年重考時，還是連一間學校都沒考上。

遭遇這樣的挫折，我的內心產生了「照這樣下去我永遠沒機會考上」的危機感，決意採取截然不同於以往的方法，也就是我稱之為「逆向學習法」的方式。

其實，我哥哥從小就很擅長讀書，念的也是國立大學，他告訴我說：「念書的重點不在於你花了多少時間，而是不斷地反覆確認答案。重點就在於你反覆了多少次。」他的這個概念我聽進去了。

與其花一小時解開一個問題，不如一開始就翻開解答，花十分鐘學會解題的方法。如此以來，同樣的一小時你能拿來進行六次解題。的確，用這種方法大腦更容易記住。

最初先查看解答，再回頭看問題，看完問題後再回頭看教材。先透過正確解答得知某項目標，接著去理解這個目標成立的原因。換句話說，這是一套和我過去念書方法完全相反的逆向流程，也可算是哥哥推薦給我的「逆向學習法」。

理論上，大多數人或許覺得應該先從研讀教材開始，吸收一定程度的知識後再著手解題。但這種方法恐怕會讓你走向錯誤的目標，平白花費了不少時間去累積沒用的知識。

另一方面，「逆向學習法」卻能幫助你取得理解考古題的知識，也不會讓你走錯方向。無論是參加大學考試或公認會計師考試，探究內容本質的方法沒有太大不同，所以「逆向學習法」能幫助你得到壓倒性的效率，學會必要的事情。

我把這套方法套用到所有大學入學考試的科目上，結果就是如願地考上心目中的志願學校。不僅如此，當我在準備公認會計師考試時，也是沿用這套學習法，反過來說，我之所以能在大學在學期間通過會計師認證考試，都是託此學習法之福。

最少努力，最高效率

我曾寫過一本以「超效率化」為主題的書《最強 CAPD 法則》（すごい効率化），而我平常也都時時留心如何讓自己活得更有效率。或許正因為如此，有不少人向我詢問有沒有更有效率的學習法，或者是針對某事是否有更即效性的方法。

想必現在拿起本書的讀者當中，也有人會對有效率的學習法感到興趣。不過很遺憾，世上並沒有什麼神奇奧妙的方法，期待在一開始就可以用精準質高的方法來學習，那是完全不可能做到的，唯有做到一定的量以後，才有可能提升品質。

自從我實踐了前面所介紹的「逆向學習法」之後，總算增加了複習教材的次數。我畫下重點線，每天回頭複習一番，哪怕時間很短暫；反覆進行之間，我逐漸搞懂了教材上所寫的內容。

公認會計師考試的內容包括，從必修的「財務會計論」、「管理計算論」、「監察論」、「企業法」四科中出簡答題；另外還會從必修科目中的「會計學」、「監察論」、「企業法」和「租稅法」，以及選修科目的「管理學」、「經濟學」、「民法」和「統計學」中各挑一科出申論題。換句話說，你必須學好九科才有辦法通過考試。但即便每天消化一科，也沒辦法在一個星期內掃過所有科目。

因此，我決定每天固定念兩個科目，一星期花個四、五天翻閱教材，其餘二、三天研究考題，從不讓自己間斷、休息，每天都埋頭於照表操課。

由於補習班所上課的內容很難，光聽一次很難聽懂與放進腦袋中，所以我錄下上課內容，課後我會讓自己再聽一次，花上相當功夫來避免忘記所學。

如同這一節開頭所說的，活得有效率是我個人的信條，然而我也是透過這樣不斷從錯誤中學習，才得以順利準備大學和資格考試，若非如此，我一定達不到自己所要求的目標。該出手時，就得出手。

對商務人士而言，理想上是要以最少的努力取得最大的成果。我也贊同這個說法，但要做到這點，唯有最開始就理解熟能生巧之理，知曉只有持續、大量實作才能提升品質。雖然現在你投入大量精力卻只獲得較少成果，但在未來將轉化成最高效率。

「馬上做」和「反覆」很重要

雖然我說過增量對學習來說有必要性，不過光顧著投入時間則毫無意義可言，最重要的是「馬上做」和「反覆」。時間短也沒關係，學完當天就要複習，這也是最重要的關鍵：在於不斷反覆複習這件事。

就以考試為例，即便距離考試日期還有一定天數，也可以將時間劃分出區段，邊念邊定目標，對於防止考前鬆懈是很有效果的。

當我開始準備公認會計師檢定的簡答題考試時，距離真正的考試日期還有兩年，即便我鼓勵自己「好！為了兩年後來努力吧！」卻因為時間還太久，心裡很難馬上燃起幹勁。

於是，我決定把兩年以一個月為單位做分割，並安排學習內容。例如「這個月要熟讀這本管理會計書」，像這樣定好該月研讀的範圍主題，用此來維持自己的進度。

若不這麼做，尤其在距離考試還有一段時間的情況下，你難免會覺得「考試還早得很，今天就放鬆一下應該沒關係，就只有一天而已」。另外，將時間以月來劃分的話，更容易做好明確的學習計畫，比如「本週內要結束這一章」等，能讓時間做更密集的使用。

就這樣在兩年內、每月二十四次密集地反覆操練，結果是讓我在簡答題考試上一次就過關了。

只做「最必要的事」

一提到學習，絕大多數的人都認為筆記是跟教材和文具一樣，必要且不可或缺的工具，但我個人其實不做筆記的。

我高中時也曾用過筆記，不過重考班的老師告訴我：「明明就有專家幫你整理好教材了，還需要你這個外行人額外費心整理的必要嗎？」這一席話猶如醍醐灌頂。從此以後，我只會把必要的事情直接註釋在教材上。

因為我意識到，自己抄寫在筆記上的文字，幾乎都是早已印在教材上的內容，與其讓我這個外行人重新整理，不如直接背下教材更有壓倒性的效率。

有人說用自己的手寫下來更好記住，雖然我能明白這麼做的用意，卻也覺得很多做筆記的人耗費太多精力在「整理乾淨」上了。

做筆記的根本目的，在於得到通過考試的結果，而非將筆記做得乾淨又完整，**因此比起彙整筆記，多花時間去研讀教材才是上上之策**。正如我上一節的說明，學習是透過「反覆」來掌握知識，如果有時間做筆記，還不如把時間拿來研讀教材，哪怕多複習一次也好。

有的人是出於討厭弄髒教材，這完全是本末倒置。教材就算髒了也無所謂，請大方在重點處畫線，在空白處加註重要的事情吧。

以我來說，我會在教材上用彩色螢光筆畫線，最重要的用紅色、次要的用綠色，其餘的用黃色。如果以顏色進行區分，就能更清楚哪些是要優先記住的內容。這麼做能有效地提升學習效率，當你之後翻閱教材時，首先會記住紅線部分，其次為綠線部分，有餘裕時再記下黃線部分，如此便不會白白浪費時間了。

開啟專注力的「儀式」

我在準備公認會計師考試時，每天早上七點開始至少會花上超過十二小時的學習，地點多在快捷咖啡店（CAFFÈ veloce）、麥當勞或TAC證照補習班*，有時也會在通學的往返電車上念書。儘管如此，我絕不在家念書。

在工作方面我也同樣，絕不會帶回家裡做。即便是剛創業時，我也寧可睡在辦公室裡，

* 譯註：全名為Tokyo Accounting Center，一間以專營各種日本國家資格考試的全國性連鎖補習班，如公認會計師、稅理士、簿記鑑定等。

至今不曾把工作帶回家，連看書也會選在辦公室或咖啡店進行。

之所以不在家念書或工作，最主要原因是在於，我認為「家」是用來放鬆的場所，也是一個輕易誘人發懶的地方。一下轉開電視、一下躺在沙發上睡午覺，一旦按下開關，就很難再回頭念書或工作了，相信很多人都有過這種經驗吧！

當然，也是有在家能夠專心念書的人，我哥哥就屬於這一型，他從小就養成在家念書的習慣了。你可能會想，既然身邊有這麼好的例子，照著做不就好了，很可惜當時的我完全沒想到，可以找到「已經有成果的人，徹底模仿」。

搞清楚自己屬於哪一種類型極為重要。假如你感覺在家學習的效果較不盡理想，那就和我是屬於同一類，此時你不妨嘗試找個住家以外的地方念書，例如：電車上、咖啡店或共享辦公室等場所。

此時有個訣竅，是你務必養成一個習慣，也就是盡量每天都去相同的場所。為了公認會計師考試而唸書的那段時期，我每天早上會去快捷咖啡店，中午到晚上十點則在 TAC 補習班，其後直到深夜十二點會在麥當勞。重點在於養成習慣，所以不輕易更換店家比較好，培養讓身體牢牢記住「來到這裡就要念書」的定性。

如果可以的話，最好連座位也都固定下來。當然，若遇上人多混雜時，不一定都能坐在同樣的老位子上，但心中若先決定好一個「有空位時就坐的老位子」，你就不用每次都考慮要坐在哪裡，這會讓自己更容易進入學習模式當中。

一旦定下自己的專用座位，就應該把精神全都集中在學習上。念書時不妨把來電和訊息提示設定為飛航模式，避免注意力受到干擾。

我為了公認會計師考試而唸書時會戴上耳塞，只不過當我隔絕掉外部的談話聲和雜音時，偶爾也會想聽一聽聲音，這時會改用耳機來聽音樂。我還記得，當自己將耳塞和耳機作為一種開始讀書的「例行儀式」（routine）後，每次只要一戴上耳塞或耳機，就能開啟專注力，順利進入學習模式中。

根本沒有失敗這回事

我在本章針對「學習技巧」和「環境營造」做了說明，不過若要好好堅持到底，心理素質方面也有很大的影響，下面想來談談如何做好心態上的調整。

大學考試失敗時，祖父對我說了一段話：「或許你因為落榜而覺得自己在大學考試上失敗了，然而你為了考試而唸書，不只成績比之前進步，也拿到了一定的分數，所以根本沒有失敗這回事，這是成長。」

在聽到祖父這段話之前，我的確深信贏得考試的人是「勝利組」，自己則是不折不扣的「魯蛇」。然而，如同祖父所言，即便落榜是事實，但因為偏差值提高了，我的努力也不算白費，雖然沒能得到成功，卻獲得了成長。

如今距離我聽到祖父這番話已經過了十幾年了，**現在我堅信「成功的反面是無所作為，而不是失敗」**。如果什麼都不做，別說成功了，甚至任何事都不會有結果。別停在原地，就算感到不行也沒關係，總之先試試看，即便失敗了，絕對能從中得到些收穫。

我覺得有太多人因為恐懼失敗而不敢行動，只因為擔心做不好，不敢踏出最初的那一步。

與其覺得結果不如人意，不如把它當成學習的機會。假如還是不行，那就好好分析結果，重新開始，只要經過反覆操練，終究會讓你抓住想要的結果。

請拿出為達目的誓不罷休的韌性吧！

轉換思考，邁向成功

我在前一段寫到，很多人因為害怕做不好，於是遲遲不願意拿出行動，我總覺得這樣的人，大概是在性格上容易陷入以悲觀角度來看待事情。

美國知名的心理學家馬汀・塞利格曼（Martin Seligman）曾說過：「所謂的樂觀或悲觀，就在於你自己如何詮釋成功或失敗。」比方說，有一個裝了半杯水的玻璃杯，樂觀的人看到了會想「還有一半呢」；悲觀的人想的則是「只剩一半了」。如果你想要取得成果，前者的心態好過後者這點無庸置疑。

就拿我自己來說好了，準備公認會計師考試時，不會想著「就連明天、明後天都要念書啊」，而是想著「明天要做跟今天一樣的事就好啦」，甚至「只要持續下去總有一天會得到好結果」，以積極樂觀的心態來面對。

能抱持這種想法來改變行動，終究會養成每天努力持續念書的習慣，一旦養成這樣的習慣，就會慢慢累積自身學力，幾個月後必然能看到好的成果。換句話說——

1. 改變思考，就能改變行動
2. 改變行動，就能改變習慣
3. 改變習慣，就能改變結果

只要你願意轉換思考，就能產生這種利多的連鎖反應。

姑且先不論這世上的成功人士有沒有清楚的自覺，在我看來，他們每天都很有意識地以「成功者的心態」和「成功者的步驟」來行動。

人活得越久，越會養成根深蒂固的思考模式，如果你偏好以悲觀心態看待事物，即便是勉強自己也好，也必須有意識地將之轉換為樂觀心態。

你可能覺得很為難，覺得自己「辦不到！」，但我必須告訴你，沒有辦不到的理由，也唯有打破自己的固有成見，你才能走上成功者的道路。

如何抓住「財富自由」？

我的人生活到現在，有好幾次都被周遭的人當成傻瓜。

決意考大學時，旁人都一臉受夠似地告訴我：「你這個偏差值只有三十五的人，根本沒本事考大學啦。」就連我父親也都滿臉驚訝地說：「你想上大學？」上大學之後，我為了準備公認會計師考試往返補習班，也頻頻遭受旁人的冷言冷語：「好不容易成為大學生了，你到底還有什麼不滿足呀？」

當我從世界第一的會計事務所德勤集團（Deloitte Touche Tohmatsu）*離職時，旁人也像看著瘋子般地對我說：「你怎麼能放棄這麼有保障的未來？」不過，當時如果我沒有採取這些被旁人當作傻瓜的行動，也就沒有今天的我，更不可能寫出這本書了。

由於累積了不少這種經驗，我能清楚斷言，被人當成「傻瓜」的次數，越多越好。尤其是要趁年輕的時候，任由他人怎麼想也無所謂。突破常識的障礙就是你該做的，因為我確信人生就該破天荒。

我不打算建議所有人都跟我一樣，都去實踐被人當成「傻瓜」的人生態度，特別是那些對於當下感到幸福的人，可能會覺得這是毫無用處的建議。然而我認為實際上有不少人，對於所謂符合常理的生活方式，打從心底感到不滿。

假如你是抱持這種不滿的人之一，更應該將「非常理」當成「自己的常理」，從目前所處的地方跳脫出來。

正如同我自己就放棄了愉快的大學生活和安定的前途，因為我想親手抓住「自由」。

我想要的與其說是錢，倒不如說是自由，只有這麼做我才可以和喜歡的人做自己喜歡的事。

譯註：與普華永道與普華永道、安永及畢馬威並列為四大國際會計師事務所，若以年收入及員工數目計算，德勤是全球最大的會計師事務所。台灣的勤業眾信聯合會計師事務所為其加盟所之一。

為了貫徹這個目標，我不惜「笨到底」，對我而言，所謂當一個「傻瓜」就是選擇自己相信的道路。正因為不受普世價值的基準所束縛，堅定地走在自己相信的「傻瓜」之路上，才有機會造就今天的我。

今後，我也會遵循自己的軌道持續前進，不受制於任何所謂的普世常理。

第2章

「資訊弱能」難競爭，學會輸出＋輸入的新知吸收力

嗯……
講座學員
吹田純子
吹田小姐，怎麼了？有什麼煩惱嗎？
啊，金川老師
其實我下定決心要減肥，
想上網收集一些資料，
沒想到訊息過多，反而不曉得該怎麼辦才好……
原來如此，這是種「資訊弱能」狀態呢！
我才不弱！我有收集到很多訊息！

無法善加利用收集到的資訊，就是很明顯的資訊弱能喔！
消沉……
嗯，是沒錯……
該怎麼做才算善加利用呢？
這個嘛，首先……
吹田小姐，妳認為當今收集資訊最有效率的手段是什麼？
當然是網路呀！
只要按下搜尋鍵，一次解決！
我可不這麼認為，
收集資訊最有效率的……

就是這個。
富爸爸，窮爸爸
羅勃特・T・清崎
這…是書嗎？
鏘鏘
沒錯，書是由熟悉相關領域的專家，有系統提供資訊的工具。
更何況，專業的編輯也會以各種方法，用心將書整理得淺顯易懂。
跟其他媒體的資訊比起來，更容易吸收。
富爸爸，窮爸爸
羅勃特・T・清崎
喔——

但是，書不是很多嗎？
該怎麼挑選才好呢？
文芸書ランキング
文庫 ランキング
這還不簡單，
從現在最暢銷的書中挑幾本買就行啦。
咦？
這……這會不會太隨便了點……
怎麼會？吹田小姐，妳難道不是因為想學會不懂的事情，才去讀書的嘛？

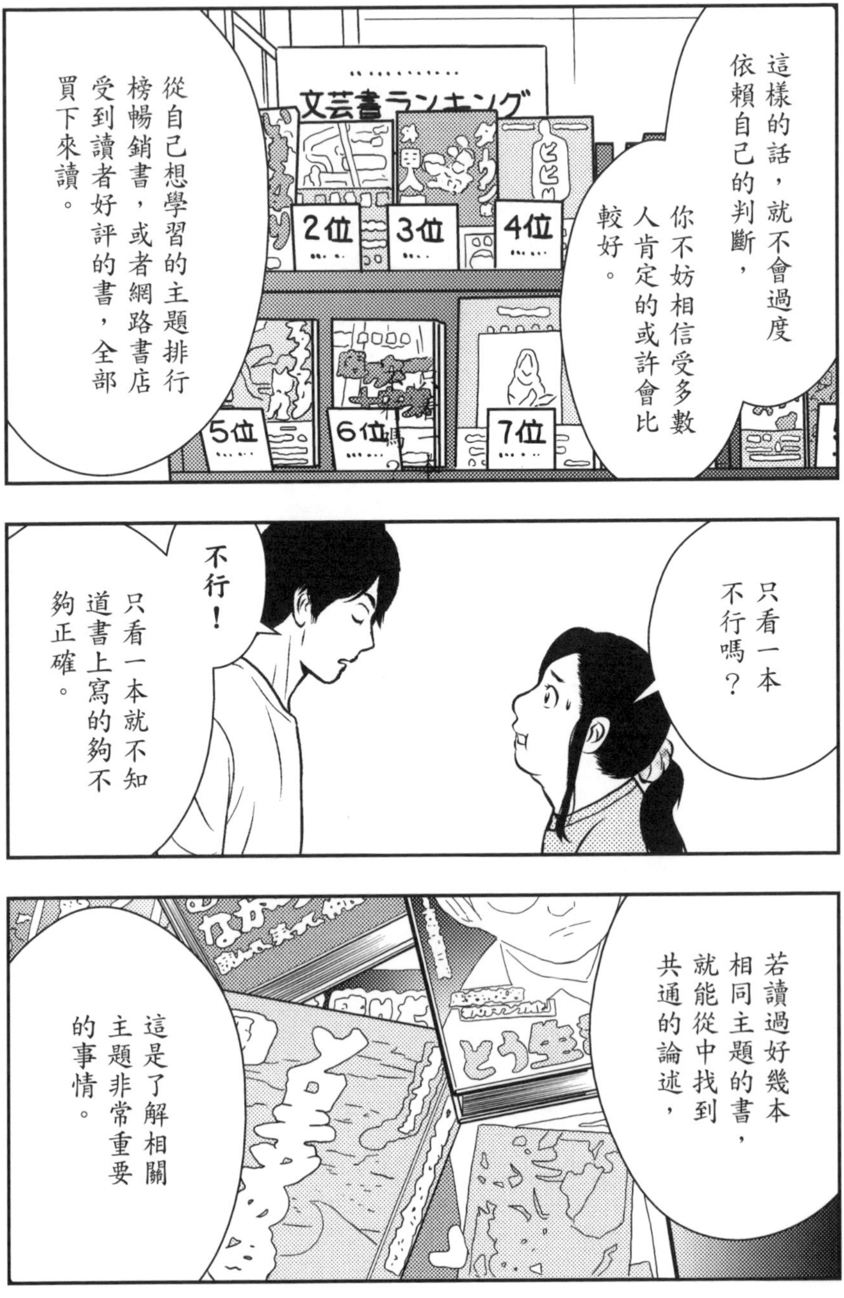
這樣的話，就不會過度依賴自己的判斷，
你不妨相信受多數人肯定的或許會比較好。
文芸書ランキング
2位
3位
4位
5位
6位
7位
從自己想學習的主題排行榜暢銷書，或者網路書店受到讀者好評的書，全部買下來讀。
只看一本不行嗎？
不行！
只看一本就不知道書上寫的夠不夠正確。
若讀過好幾本相同主題的書，就能從中找到共通的論述，
這是了解相關主題非常重要的事情。

可是……讀好幾本書很花時間耶……
光想就好麻煩……
這樣的話，就試試速讀吧。
咦？我辦不到啦！
速讀不就是要啪啦啪啦地快速翻書……
啪啦啦
不對，我不是指那種。
我是用自己研發，誰都辦得到的方法唷。
「金川式超速讀術」！
哇，請教教我！
該怎麼做呢？

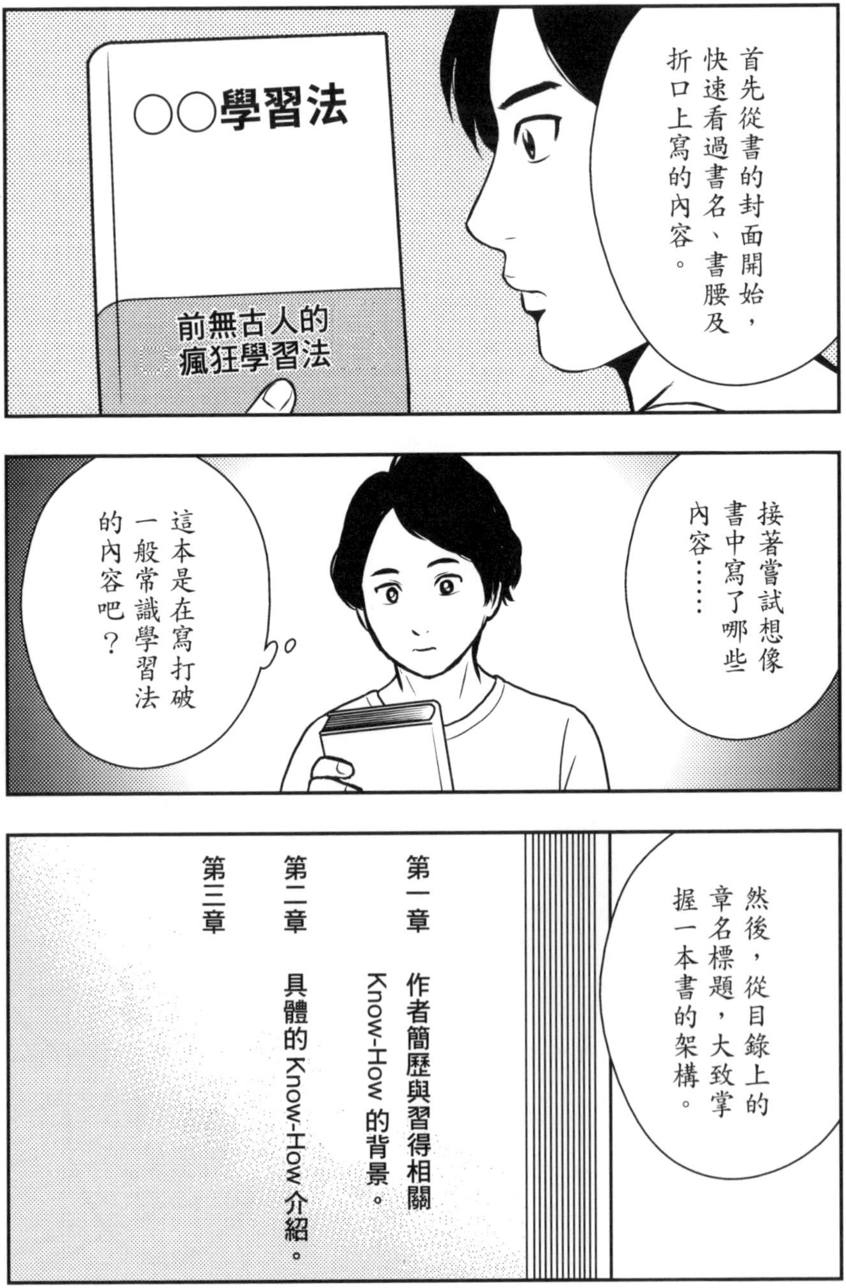
○○學習法
前無古人的瘋狂學習法
首先從書的封面開始，快速看過書名、書腰及折口上寫的內容。
接著嘗試想像書中寫了哪些內容……
這本是在寫打破一般常識學習法的內容吧？
然後，從目錄上的章名標題，大致掌握一本書的架構。
第一章　作者簡歷與習得相關Know-How的背景。
第二章　具體的Know-How介紹。
第三章

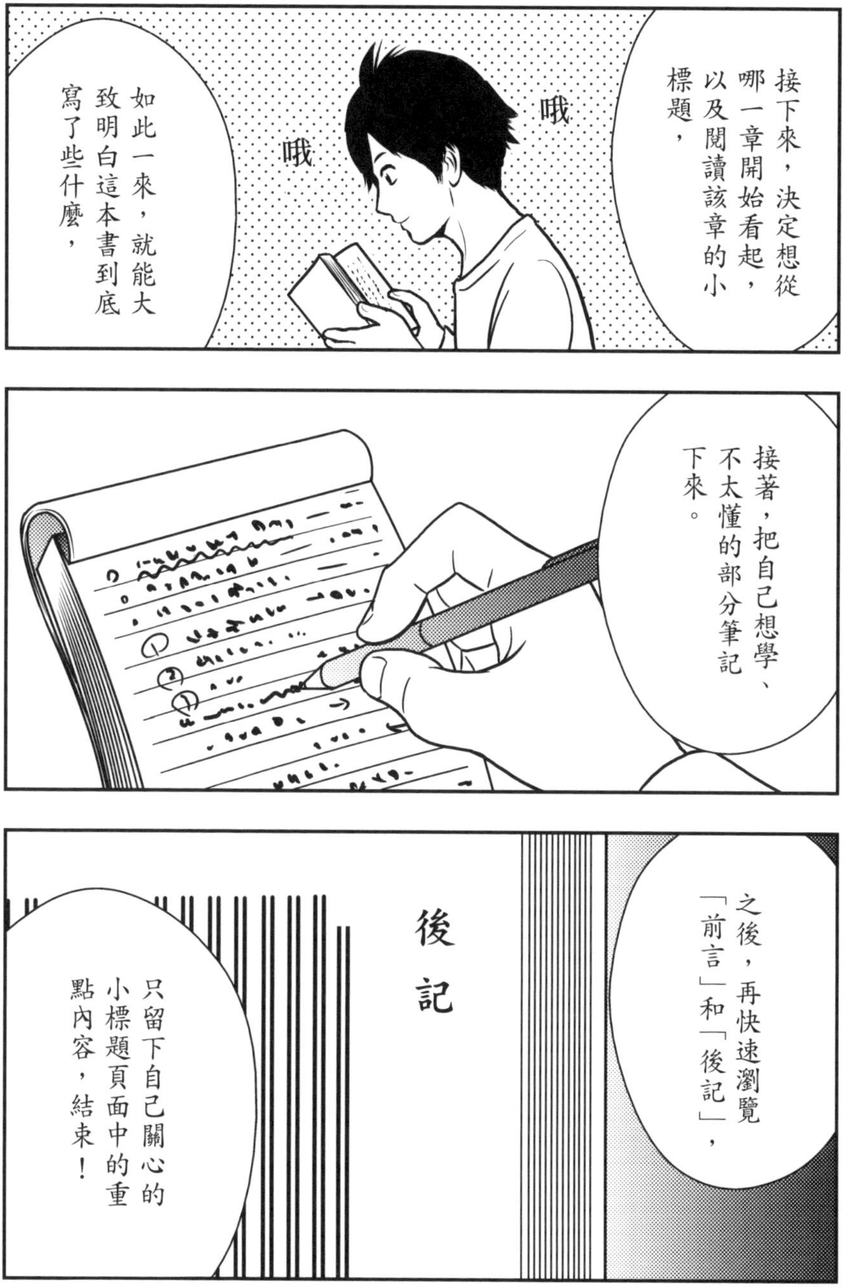

接下來，決定想從哪一章開始看起，以及閱讀該章的小標題，
哦
哦
如此一來，就能大致明白這本書到底寫了些什麼，
接著，把自己想學、不太懂的部分筆記下來。
之後，再快速瀏覽「前言」和「後記」，
後記
只留下自己關心的小標題頁面中的重點內容，結束！

用這個方法，一般厚度的書，十五分鐘左右就能讀完了吧。
好厲害！
這種做法能很快掌握一本書的內容耶。
當然，光讀小標題還有不懂的地方，就要好好讀過內文喔。
不過，這樣總比全部讀完輕鬆很多了吧！
之後把筆記的內容轉移到手機上，利用通勤時複習效果會更好。
匡噹
匡噹
原來如此！
不過，接下來的步驟很重要。

一定要將輸入腦中的資訊，
想辦法輸出！
咚
光是把資訊記在腦中不行嗎？
沒錯！
唯有將資訊輸出，才算是真正的融會貫通！

將輸入的內容正確地「傳達」、「教授」給別人，
對於確認是否輸入資訊，是必要的。
換句話說，如果無法「傳達」、「教授」他人，
等同於自己還沒充分理解這些資訊，
就會有重新輸入的必要。
所謂傳達給他人，也是一種對自己腦中資訊進行確認的作業。
哦
哦

做法有非常多，社群網路、
部落格、
在網路書店的評語欄位留言也不錯，
你也能根據「點讚」數了解其他讀者的反應。
如果持續查看他人對自己發出的訊息有何反應，就能提高對有用資訊的敏感度，
順勢培養出準確度更高的資訊收集能力喔。
讓自己成為資訊發信者！
這是提高資訊收集能力最有效率的方法！

原來是這樣……太棒了！
請問還有其他有用的情報收集法嗎？
書以外，影音類如Podcast、Youtube等，也是不錯的資訊來源
新聞類型的電子報也很方便喔。
YouTube
不過，我最推薦的還是
講座的聚會！

聚會？怎麼不是講座的內容？
嗯，原因是當講師對眾多學員演講
經常講完概論就結束了。
然而，後續聚會能有機會和講師一對一交談，
你可直接提問，深入了解想學習的事情。
還有，若能認識其他同樣積極接近講師的人更好，
這些人基本多較為優秀，能從中得到各式各樣的訊息。
原來如此！

再者你還可將講座中獲得的做成筆記，對外分享，
加上自己的見解，進一步收集更多資訊……
現今這個時代，任何人都能透過社群網路發送資訊，
我建議大家這麼做，藉此收集更多有益的訊息。
SNS
好的！
接下來就是重頭戲了。
你該如何活用這些資訊呢？
沒錯！我很想知道！

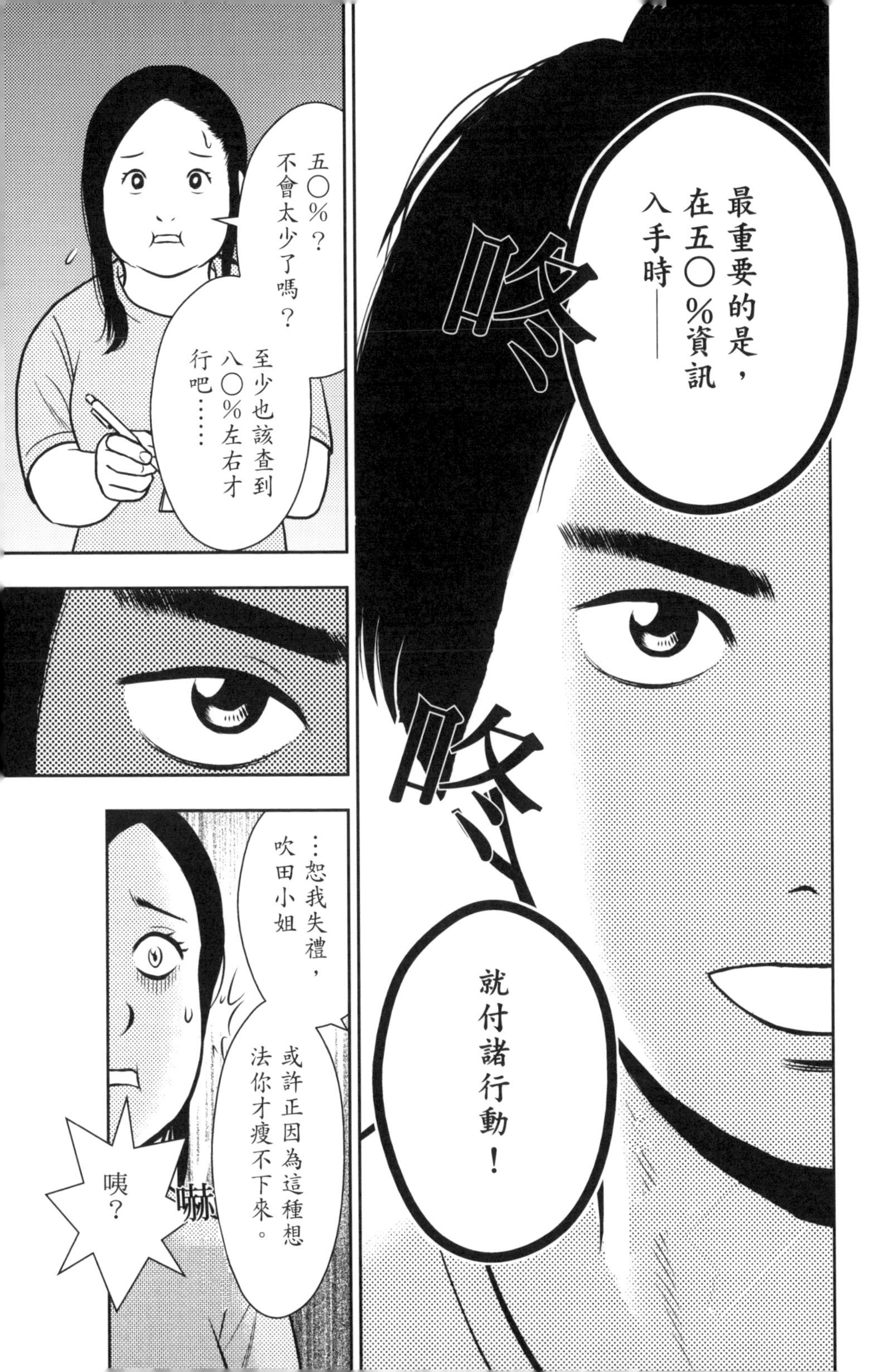
五〇%？不會太少了嗎？
至少也該查到八〇%左右才行吧……
…恕我失禮，吹田小姐
或許正因為這種想法你才瘦不下來。
咦？
嚇
最重要的是，在五〇%資訊入手時——
咚
咚
就付諸行動！

世上光減肥一項，就有數不完的各式資訊
限制醣質
菇類減肥
乳製品減肥
肌力
優格
保鮮膜
音頻減肥
慢跑
腳底穴道
半身浴
黑醋
瀉藥
若想從中找出最適合自己的方法，想得到最有效的手段。
然而網路資訊成千上萬，想一網打盡所有資訊是不可能的。
這種情況下，只顧著動也不動地埋頭挖掘情報，怎可能瘦下來？
呃……
所以才說五〇％！
找到什麼讓你產生「就是這個！」想法時，就立即採取行動吧！

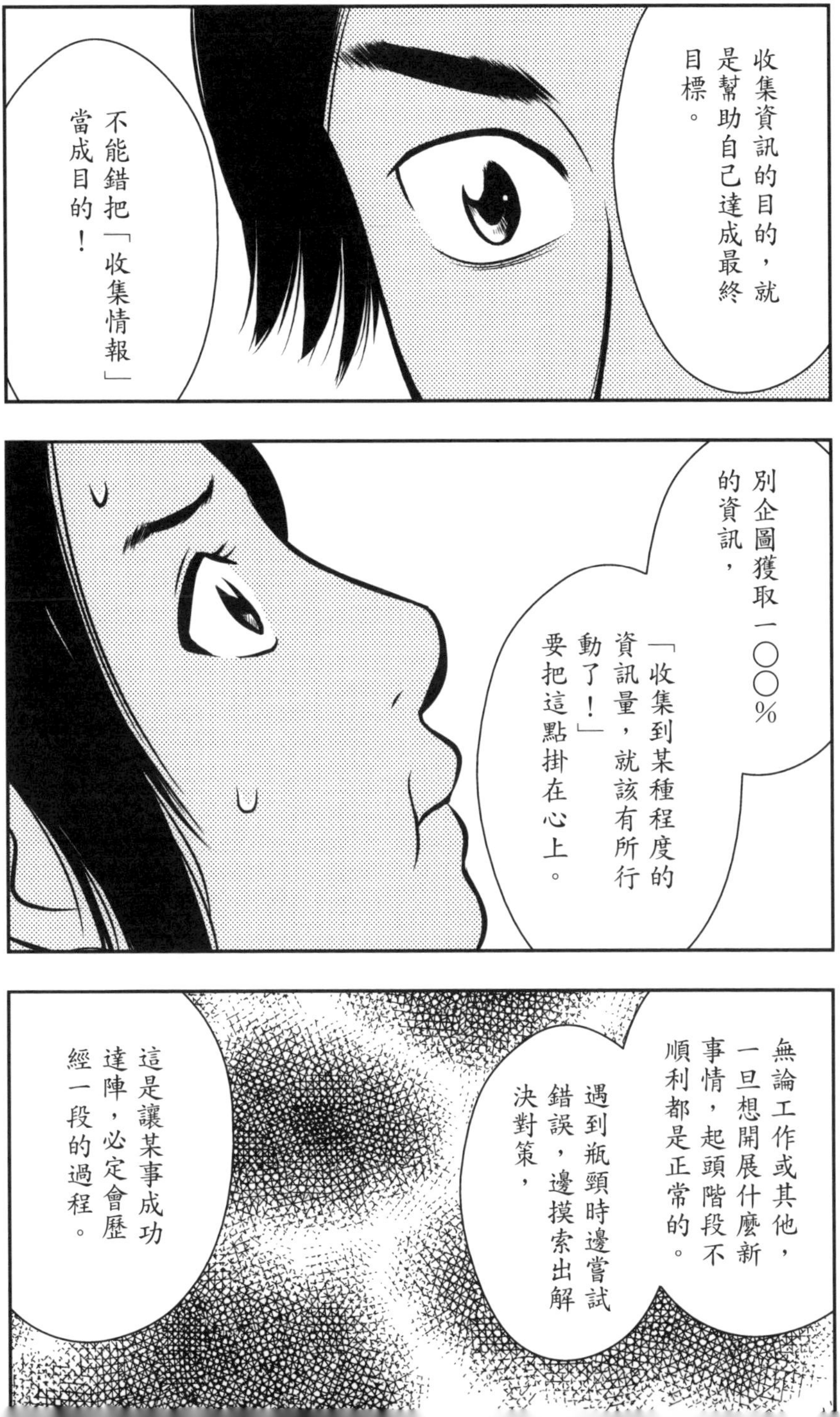
收集資訊的目的，就是幫助自己達成最終目標。
不能錯把「收集情報」當成目的！
別企圖獲取一〇〇%的資訊，
「收集到某種程度的資訊量，就該有所行動了！」要把這點掛在心上。
無論工作或其他，一旦想開展什麼新事情，起頭階段不順利都是正常的。
遇到瓶頸時邊嘗試錯誤，邊摸索出解決對策，
這是讓某事成功達陣，必定會歷經一段的過程。

裹足不前，最不可取！
想迅速得出結果，就先衝了再說，做得好不如做得巧！
明白了！我不該只顧著收集訊息，而是要付諸行動！
很好，加油！
三個月後——
金川顯教講座
交流會場
老師，好久不見，我是吹田。

咦咦？妳……
妳就是那個吹田?!
是的！我按照老師說的，讀完書後做了個減肥部落格，然後收集到越來越多有用的資訊……
最後瘦了三十公斤！
都是託老師的福！謝謝老師！
哈哈……
不過我最近有個新煩惱……
嗯？什麼呢？
有三位男子向我求婚……
真不知該選誰才好……
臉紅
老師，我該怎麼辦？
唉呀，戀愛諮商我可不行！
哈哈哈哈

靈活運用到手的情報

「資訊化社會」這個名詞出現至今早已過二十多年了，人們都說時下誰能掌控資訊，誰就握有更多的競爭力，在這樣的時代下，相信沒有人會質疑資訊的重要性。

資訊情報的重要性，不僅僅是企業經營方面的重點，對於我們每個人而言，如何學會善加運用資訊也是相當要緊的事。毫不誇張地說，不擅長運用資訊的「資訊弱能者」，很難在當下競爭環境中取得優勢的空間。

因此，我想在本章中介紹越來越重要的資訊收集法，以及如何靈活運用到手的資訊。

「十本書」的效率收集資訊法

這個世界充斥著各式各樣的資訊，特別是在網路普及以後，隨手可得的資訊量呈現爆炸性成長。

只不過，我至今依舊認為閱讀是最有效率的收集資訊法。我之所以這樣認為是由於，一本書通常是由熟悉該領域的專家，以有系統的方式提供相關知識資訊，更別說還有製作圖書的專業編輯，竭盡所能地花各種心思讓讀者更容易理解內容，這也是書比其他媒體資訊更容易學習的理由。

此外，我覺得書的另一個好處就是，書中往往寫了很多可以立即執行的事情。

我不時會聽到有人說起「就算要我讀書，也不曉得該怎麼入手會比較好」，關於這一點，以我自己的經驗來論，其實根本不用想太多。你應該讀的書，就選擇你某段時期想要好好學習、深入了解的領域即可。

就以我為例，一旦決定自己想學的主題，就會去找相關的書，購買當下最暢銷的十本左右來讀。比方說，如果我想學的是行銷，就會在亞馬遜網路書店搜尋，訂購行銷類別中排名最前面的幾本書，然後一天讀一本。

假如一時之間沒有特別想學的主題，我很推薦你可以直接到大型書店的「商管類暢銷書」陳列區晃一晃，隨手挑選幾本買來讀讀看。

另外，你還可以盡可能購買和閱讀各個領域當中，最具有代表性的經典，以及銷售量達幾十萬本的暢銷書。

老實說，我基本上盡量不光以自己的判斷來挑選書籍。不可否認的，在你真正實際閱讀前，不會知道一本書寫了什麼內容，也因此與其自己光憑標題或目錄做判斷，不如參考讀過的人的感想，或者是大眾口碑更靠得住。

要是你身邊有人對於相關主題很熟悉，你不妨直接請對方推薦值得一讀的書；萬一你沒有可以請益的人，還有一個很不錯方法就是，參考知名經營者或研究者推薦的書單。如今這種訊息上網都很容易查到，應該積極利用。

我之所以會一口氣買入好幾本相同主題的書，是因為光讀一本，實在很難確定書中所寫的究竟正不正確。除此之外，若你讀過好幾本相同主題的書，就能發現其中有哪些是共通的論點，而這將會是該主題中真正重要的事。

所以，你不要只看一本，而是透過閱讀好幾本相同主題的書，這種方式可以讓你得到真正的學習。

十五分鐘「超速讀法」

倘若在閱讀過後卻很快忘了書中所寫的，那麼讀書不僅完全失去了意義，更是浪費時間、浪費金錢。所以為了避免自己忘記，我看書時一定都會做筆記。關於如何做筆記，我會和讀書法一併介紹給各位的。

我自己的讀書方法，若以廣為人知的詞彙來表達就是「超速讀」。雖說超速讀按字面來解讀是提升閱讀速度，但我的作法是「**俯瞰而讀**」。較具體來說，第一步我會先看封面、書名和書腰，接著略讀一下折口的文字，讓自己了解書中究竟寫了些什麼樣的內容。

假設有一本書名為「〇〇學習法」，封面文案標榜「前無古人的瘋狂學習法」，你可能就會邊想著「那何謂一般人都知道的正常學習法呢？」，邊好奇這書中介紹了哪些方法（Know-How），而接著翻看目錄。

查看目錄時，一開始只要挑章名看即可。例如，第一章是作者簡介和掌握方法的背景歷程；第二章是介紹具體的方法；第三章是不白費學習的輸出術；第四章是如何向人學習等等依此類推，藉此大致了解書中的架構。

其次，決定要從哪一章開始讀起，並參考該章的小標，這樣一來就能大致明白這章寫了什麼內容，然後把自己想學會的部分筆記下來。不僅要記下自己認為好的地方，也要把光看小標不太明白的地方另外做筆記。

接下來，快速瀏覽一下「前言」和「後記」，只挑選出自己感到興趣的小標題段落，以及書中特別強調的地方，這樣就可以結束了。之後我還會把筆記下來的內容轉移到手機上，如此就能在通勤電車上邊滑邊複習；如果是直接帶書上車，你不妨可以重新熟讀不太明白的地方。

用這種方式讀書，一本書大概花十五分鐘左右就能讀完了。如果是你完全不熟悉的領域，可能有必要再多花一點時間來好好研讀，但我認為若是用剛剛所提的讀書法，複習時也能幫你將必要的資訊牢牢記在腦中。

「輸入＋輸出」一體成形

對於許多人來說，當看完最後一頁闔上書的瞬間就會覺得「讀完了！」，然而這樣只做到輸入讀到的資訊，你的學習歷程並不完整。

「**唯有輸出你所輸入的資訊，你才算真正學有所得。**」這點不僅止於讀書，也適用從其他訊息媒體收集到的資訊。換言之，這是收集資訊的基本功。

與其花一小時細讀某本書，還不如先以半小時粗略讀過一遍，再以半小時和誰討論所學，更有助於讓記憶長存。這種輸出能發揮極大的力量，幫助你將習得的輸入消化成為自己的東西。至於應該輸出多少原先輸入的資訊呢？根據我的經驗，恰到好處的輸入與輸出比例，差不多為一比三。

舉例來說，你邊聽課邊在課本上做筆記，之後獨自嘟囔複誦，直到感覺差不多成為自己的東西，試著傳授給別人時，要以一比三的比例來進行；或是找三個人一起聊聊，並且以你聽課的三倍時間來談論，也是不錯的作法。

分享能強化吸收力

當你看完一本書時，也可以透過社群網路或部落格等方式分享所學。

最棒的輸出，就是將自己輸入的內容「傳達」或「教授」給別人，原因在於如果你輸入的資訊不夠確實，是絕無可能正確地「傳達」或「教授」給別人的。要是你無法傳達或教授他人，就代表你對資訊的理解還不夠充分。

所以，當你發現自己處於這種狀況時，加強的方法就是回頭檢視哪裡不懂或含糊帶過，然後重新輸入來進行補強。

你越快輸出自己所輸入的資訊，就越能得到好的結果。你不僅要辨得到，而且還要不只一次地重複多遍，以及記得盡量以輸入量的三倍做輸出。

除了透過社群網路和部落格分享，我也很推薦到亞馬遜書店的評論欄位上分享心得，說不定某人看了你的評論會點選「有幫助」的按鈕。當有人用這種方式回應你張貼的訊息時，會帶給你超乎想像的愉悅感，激勵你持續分享訊息。

另一方面，你也能持續透過檢視他人如何回應你所分享的訊息，逐漸提升對於有用資訊的敏感度，進一步提高資訊精準收集的能力。

或許聽起來很像似是而非的反論，不過若想確實提升資訊收集能力，由自己主動分享訊息的做法最有效率。你可能覺得收集是一種被動的行為，事實上主動地分享訊息，才是提高自己獲得優質資訊的最佳方法。

易分心場所，就「用聽的」

我在前面介紹了自己閱讀時會使用的「超速讀」法。和其他既有的讀書法相較下，超速讀能有助於大幅縮短你的閱讀時間。但除非置身於能保持一定程度專注力的環境下，否則很難順利進行。比方你身處於通勤電車上，就是一種很難專心的場所，此時我建議你不妨以「聽聲音」的方法來收集情報。

以通勤電車來說，沒有座位的情況會比較常遇到，而且大多時候還非常擁擠，不太適合好好讀書或看報。此時若改用耳朵來聽，就能平靜地輸入訊息，不至於感到疲累。

或許有相同感受的人變多了，近來像是YouTube、有聲書等，透過聲音來獲取資訊的來源管道越來越完備了，這些都是善用通勤時間的工具中，最有效率的方法，像我自己也在YouTube上發過好幾個影片供大家觀看。

有些人可能會因為工作上的需要，必須隨時緊盯著時事和商業訊息，就拿我來說，過去在會計師事務所工作時，每天早上都會瀏覽《日經新聞》。然而想在通勤電車上攤開報紙實在很困難，這種情況下還是用手機閱覽的線上資訊最有用，也就是把習慣閱覽《日經新聞》，改成《日經新聞電子版》就好了。

我也推薦大家訂閱一定期間的新聞類電子報，就跟閱讀一樣在一定期間內針對某個主題集中閱讀，並將之變成每天早上的習慣。

以我來說，並不會為了網路資訊而購讀某特定電子媒體，如果是感興趣的主題，我的偏好是把相關聯的主題集中起來一口氣來學。我覺得若想集中精神學習什麼，一口氣瀏覽而過的方法，也是很有成效的。

聚會比上課，學更多

除了藉由書籍和網際網路來得到資訊之外，你還可以參加講座，直接面對資訊提供者，並且依據你的使用方式成為有力的資訊來源。只是，我總覺得很多人似乎都搞錯了講座的運用方式，接下來我會說明關於如何有效活用講座的方法。

想讓講座發揮最大的效用，最要緊的就只是：絕對要去參加後續的聚會。每個參加講座的人通常各有不同的需求，很難在事前調查所有參加者的期望，並且，讓講座符合全部人的各自需求，基本上是不可能的事，也因此講座內容多會以概論為主。

然而若參加後續的聚會，就能有機會和講師有一對一的對話，要是相談甚歡更說不定是製造出良好關係的契機。在我看來，要是錯過在聚會上和講師建立交集的機會，實在是太浪費、太可惜了。

講座的內容基本上都由講師決定，因此有可能出現一種情況，也就是你好不容易去參加，卻沒能聽到真正想知道的事。這時若把握聚會的機會，當場和講師一對一交流，就可以直接請教想知道的事情，甚至在某些情況下還能得到一些內幕，或者是在群眾面前難以啟齒的「壓箱話題」。

基於這樣的道理，如果你想從講師身上得到有價值的訊息，有幾點是需要多加留意的。首先，參加講座時一定要坐在最前頭，聚會上則想辦法坐在講師旁邊；其次，要把在這裡獲得的訊息好好筆記下來，作為寶貴的學習成果帶走。

就我而言，講座費等同於參加聚會的門票，聚會才是最重要的關鍵點，請務必拿出幹勁好好面對。

我常常在聚會現場看見一些人，不去找講師聊天，而是興高彩烈地吃吃喝喝，這種運用講座的態度簡直大錯特錯。講座的聚會不是吃喝玩樂的場所，而是收集訊息的地方。

我這麼說並不是指在聚會場合和其他參加者交流不重要，而只是希望大家千萬記得，和講師的溝通交流才是第一優先。當然，其他參加者也會努力和講師拉近距離，你應該拿出踢開這些對手的魄力去接近講師。

講師的身邊往往會圍繞著不少人，如同高牆般讓你難以直接接觸講師，此時你不妨先親近這群圍繞的人，畢竟會在這種場合積極接近講師的人，基本上以優秀的人居多。

其實除了講座之外，聚餐場合也常常能得到不少有助於學習的訊息。假如你有機會認識擁有一定成就的人，不妨嘗試積極地邀約對方一起聚餐，就能創造機會來好好請教。直接向這種有所成就的人挖掘其成功經驗和真心話，是任何方法都難以取代的深度學習。

讓身邊聚集優秀情報者

如同我前面說過的：「不要僅僅滿足於得到資訊，而是要主動分享訊息，如此自然能有優質的訊息回饋，身邊也會漸漸聚集擁有優質訊息的人。」這些話絕無半句虛假，而是根據我自身經驗學到的領悟之一。

在我熱衷於擔任講座教室主講人的那段期間，經常感受到每次授課時，學員們的回應，反而讓我從中得到許多訊息上的回饋。

我不時從問卷調查中，看到學員直接和我分享各種豐富又多樣性的話題，像是他們最近讀過的書、介紹自己獨特的熟人，甚至是近期炙手可熱的新型商業模式等等。

現在這個時代，任誰都能透過自己的部落格、臉書來分享訊息，那怕只發個小小一則的訊息，只要堅定、認真地持續下去，遲早會吸引更多人上門、累積更多資訊，讓自己的學習更上一層樓。

如果你也想分享資訊，卻一時之間不曉得該如何下手，**建議你首先找到一位擅長分享訊息的人，模仿對方就對了。**人氣作家、觸及率高的部落客等等，只要你願意就一定會很快找到。

我自己本身也會透過各式各樣的媒介來分享資訊，其中包括紙本書、電子書、YouTube、播客（Podcast）、電子報、臉書等等，你不妨也可以參考試試，應該會對你有所幫助。

五〇%資訊入手，就付諸行動！

本章到此為止談了關於資訊收集的方法，最後我想進一步說明該如何善加活用這些收集而來的資訊。

在網路普及的當下，資訊不僅多不勝數更無處不在，只要你願意，無窮無盡的資訊就等著你收集。只不過，無論你投入再多的時間與精力，也不可能把所有的訊息都完整收集。即便當你自以為全部資訊都收集完整的瞬間，立刻就有別的新資訊產出了。

「要為資訊收集設出底線，決定到了哪種程度就收手。」這是我想說也是非常重要的要點，請務必銘記於心。

舉例來說，如果你想要減肥，於是開始著手尋找適合自己的減肥資訊。這個世界上有各式各樣的減肥法，想從中找出哪個方法最適合，可不是一件容易的事情。

假設你找到了一個「對，這個滿合適的！」的減肥法，卻不去立即執行的話，就連一公克你也瘦不了。我也在此特別提醒，假如因為想找到「更輕鬆的瘦身法」而游移不定，在反覆搜尋之間只會讓你越來越胖。與其如此，你倒不如一開始就鎖定讓你產生「對，這個應該滿合適！」的方法，趕緊付諸行動，這麼做才能讓你真正找到最接近心目中「成功的減肥目標」。

收集資訊的根本目的，是在於根據手上的材料判斷自己為了達到最終的目標，應該採取什麼行動最好。然而如同前面的舉例，很多人到最後往往忘了自己的根本目的，結果讓自己困在「收集資訊」的動作，這一點是你要多注意的。

為了避免這種本末倒置的結果，不要堅持一定要有一〇〇%的資訊，重點在於「只要收集到某種程度的資訊就夠了！」的心理建設，更何況，萬一過程中發現資訊量不太夠，再追加查找也就可以了。

總之，不要被收集資訊一事困住，而是要依據自己收集到的資訊盡快地付諸行動才是更為重要的。

那麼，到底資訊要收集到什麼程度，才應該展開行動呢？**以我來說，大概是覺得準備到五〇%的階段，就可以採取實際行動了。**

不論是工作或做任何新事物，無法一開始就順心如意，這是很正常的情況。萬一碰壁了，就從錯誤中學習，從中摸索出解決對策，這是任何想要有所成就的人，無可例外會歷經的一段過程。

比方說，我第一次使用 Excel 試算表時，連當中一半的功能都搞不懂，於是我邊使用邊請教身邊的人以及自己看書查閱，不知不覺間就完全上手了，想做什麼都沒有太大問題。

假設我不是這麼做，而是打算在開始使用前，花上大筆的時間想先徹底了解所有的功能，實際結果將會是，我根本不可能在使用之前就百分之一百地精通這個軟體。說到底，除非你親自動手，在過程中弄清楚自己必須掌握的功能，否則你無法真正吸收新知識。

這個世界總有一些完美主義者，他們總是要等到把事情都全部準備好才開始動手，然而這種工作方式，只會得到欠缺效率、進度緩慢的感受。反過來說，**那些到了某些階段便直覺「這樣應該夠了」，不管三七二十一先衝了再說的人，反而更容易得到好結果。**

我重考了兩次才考上大學，而且剛上大學就決定要在畢業前取得會計師資格，完全沒有「先好好度過大學生活，再決定下一個目標」的想法。

為了準備會計師資格考試，考慮該上哪一間補習班時，我查了最低限度的資料，從中找到滿意的授課內容和教學計畫後，便決定要去那家補習班了，於是大學才剛剛開學，我卻早已開始準備會計師資格考試了。

我至今仍然相信，之所以能在大學畢業前通過困難的會計師資格考，關鍵在於我當時心無旁騖地全力衝刺，才讓這個目標得以達成。

「先衝了再說」乍聽之下很有否定意味，但我認為就是這種觀念與作為，是迅速得到成果的關鍵秘訣。「唯有行動，才能創造成果」是最重要的事。那些嘴上說著「還沒準備好」或者「我再考慮一下」，充其量只不過在自我欺騙，而非真的想採取行動。

第3章

人生別浪費，
學會時間管理，
生活與財富的完美平衡

金川顯教
講座會場
內藤先生
內藤先生！
啊……金川老師!?
講座已經結束了唷。
嘎吧
什麼!?
這麼珍貴的講座時間，居然被我浪費掉了啊——
搔
搔
您看起來十分疲倦呢。

唉……
感覺工作忙到連睡覺
時間都沒有了……
但因為薪水不少，
這也無可奈何，
我一直思考自己
這樣下去好嗎？
內藤先生，您知
道自己的時薪有
多少嗎？
咦？
時、時薪嗎？
沒有耶，
從來沒想過這件事。
這樣很危險喔！
咦!?
驚

自己的時薪——
不知道自己一小時
有多少價值的話
一生大概只能任由
他人擺布、榨乾抹
淨了。
咦!?
直到幾年前我還是受
雇者，每天被工作追
著跑，毫無個人的自
由時間可言。
另外，即便如此辛苦
工作，卻得不到心滿
意足的收入。

我非常滿意自己目前的經濟狀況。
更別說還能確保充分的時間做自己喜歡的事，每天過著毫無壓力的生活。
這要歸功有養成「時薪思考」才能辦到。
時薪思考……這個想法這麼有效果嗎？
沒錯！能從根本上轉變你的思考方式。
培養時薪思考的方法十分簡單，
亦即，不再以一天、一週或一年，來感受長期性的時間。
1h
只要留意自己在一小時內，能產生多少價值就可以了。

一旦養成時薪思考的習慣，就能瞬間提高生產率。
為什麼呢？因為一旦你對一小時的價值有所意識，白白浪費掉的時間會逐漸消失。

反之，若欠缺時薪思考，就很難明確區分該做的事或非必要的事。
如此一來，出手處理低於自己時薪以下的「無關緊要之事」等同於浪費時間，自然完全不會有自己的時間了。

想必現在的內藤先生正處於這種狀態，
無論賺多少錢，連自己時間都沒有的話，就是本末倒置。
……沒錯。
時間是平等賦予所有人的資產，
同時，時間也是有限的，這點請千萬記在心上。
對欠缺時薪思考的人來說，時間彈指之間就失去了。
時薪思考……我想學會！
請教教我！
好，那就來吧！

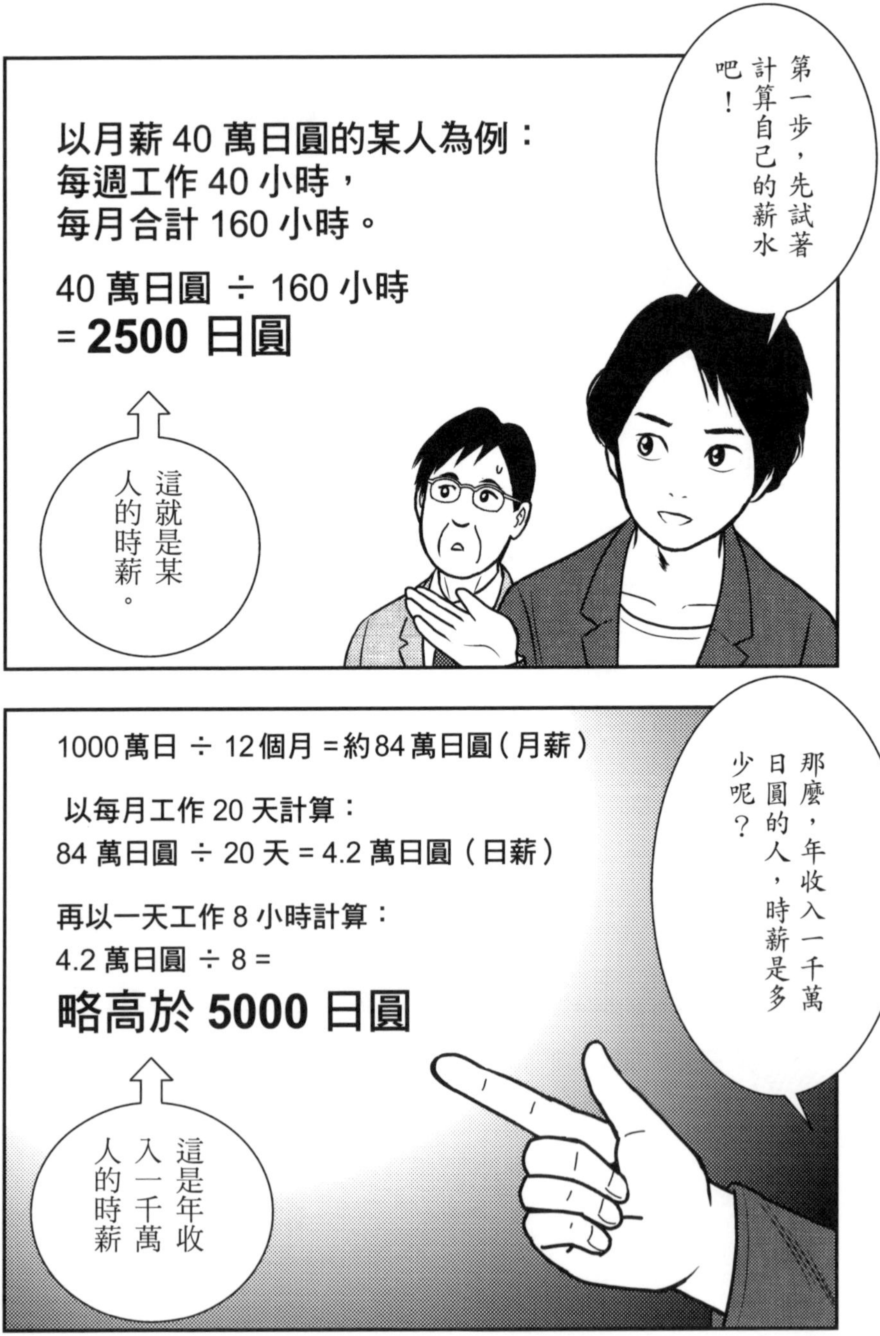
第一步，先試著計算自己的薪水吧！
以月薪 40 萬日圓的某人為例：
每週工作 40 小時，
每月合計 160 小時。
40 萬日圓 ÷ 160 小時
= 2500 日圓
這就是某人的時薪。
那麼，年收入一千萬日圓的人，時薪是多少呢？
1000萬日 ÷ 12個月 =約84萬日圓（月薪）
以每月工作 20 天計算：
84 萬日圓 ÷ 20 天 = 4.2 萬日圓（日薪）
再以一天工作 8 小時計算：
4.2 萬日圓 ÷ 8 =
略高於 5000 日圓
這是年收入一千萬人的時薪

我們以這個為基準，快速算一下了解年收入三千萬日圓，以及一億日圓的人的時薪多少吧。
●年收入 3000 萬日圓的時薪
5000 日圓 ×3
（以年收入 1000 萬日圓的三倍計算）
=1 萬 5000 日圓
●年收入 1 億日圓的時薪
5000 日圓 ×10
（以年收入 1000 萬日圓的十倍計算）
=5 萬日圓
那麼，請內藤先生實際計算一下自己的時薪。
好的。
哇，看起來不錯。
如果年收入一千萬日圓的人時薪只有五千日圓，感覺還可以辦得到呢！
沒錯，這樣就對了！

最重要的就是決定好目標時薪，提高對時薪的敏感度，
將該做的事，以及沒必要做的事，兩者做出明確區別。
目標
時薪 5000 日圓
內藤先生若能刪減更多無謂的事，絕對能邁向時薪五千日圓的目標！
你有聽過PDCA這套商業框架嗎？
有！
PLAN（計畫）
DO（執行）
CHECK（評價、檢視）
ACTION（改善）
一種目標達成的手法，對吧。

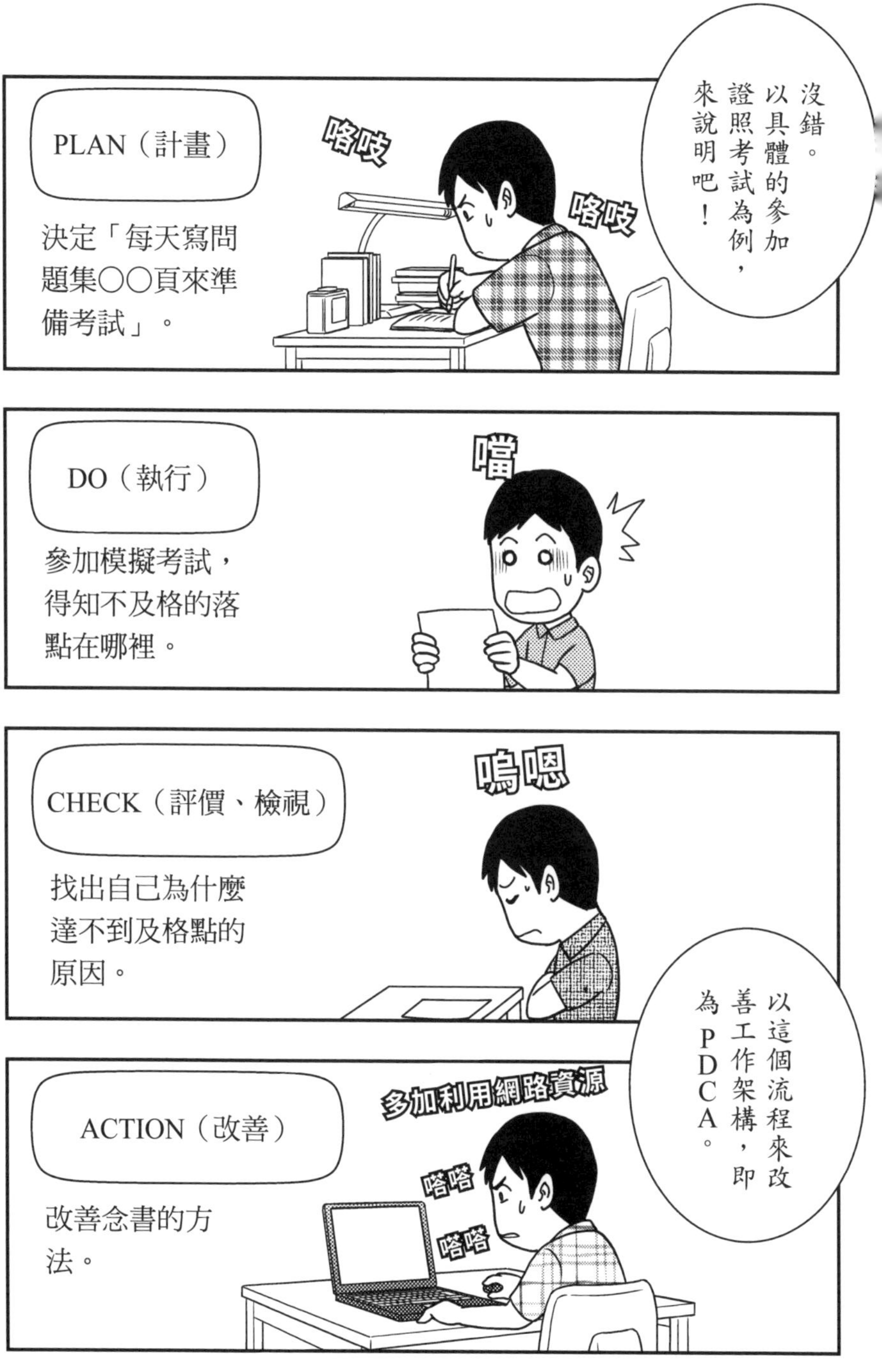
沒錯。以具體的參加證照考試為例，來說明吧！
PLAN（計畫）
決定「每天寫問題集〇〇頁來準備考試」。
咯吱
咯吱
DO（執行）
參加模擬考試，得知不及格的落點在哪裡。
噹
CHECK（評價、檢視）
找出自己為什麼達不到及格點的原因。
嗚嗯
以這個流程來改善工作架構，即為PDCA。
ACTION（改善）
改善念書的方法。
多加利用網路資源
喀喀
喀喀

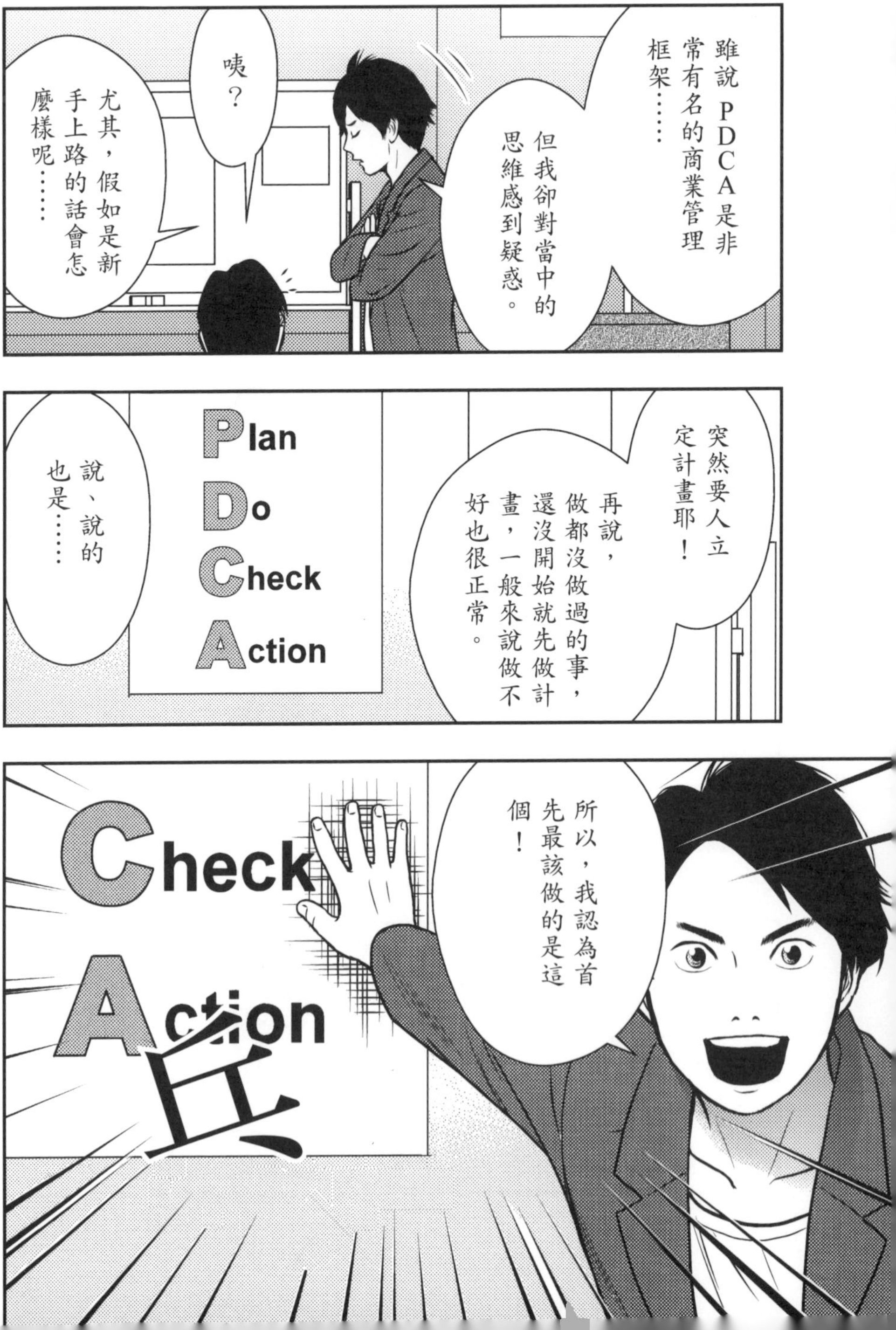
雖說PDCA是非常有名的商業管理框架……
但我卻對當中的思維感到疑惑。
咦？
尤其，假如是新手上路的話會怎麼樣呢……
突然要人立定計畫耶！
再說，做都沒做過的事，還沒開始就先做計畫，一般來說做不好也很正常。
說、說的也是……
Plan
Do
Check
Action
所以，我認為首先最該做的是這個！
Check
Action

CHECK（評價、檢視）
從評價（C）這一步開始。
如果是資格考試，
就該先了解考過的人都怎麼念書；
反之，也要調查沒考上的人哪裡沒做好。
ACTION（改善）
原來如此……
接下來，了解自己要從何處著手改善（A）學習方式；
PLAN（計畫）
然後，計畫（P）要用哪種方法學習
反向思考！
參考書
要從解答欄開始看起！
DO（執行）
咯吱
咯吱
只要好好執行（D），很容易得到期待的結果。

這個從CHECK開始進行各步驟的方法，取字首簡稱為CAPD
Check
Action
Plan
Do
這個CAPD框架，事實上能為提高時薪帶來極大幫助。
那麼，為了提高時薪，該怎麼運作CAPD，
我依序從頭說明。
フムフム
① CHECK（評價、檢視）
首先，找一位自己「憧憬」或「想成為」的人當模範。
然後，把這個人正在做的任務（task）、決定優先順序的方法，或著沒在做的事情，通通檢視一遍。

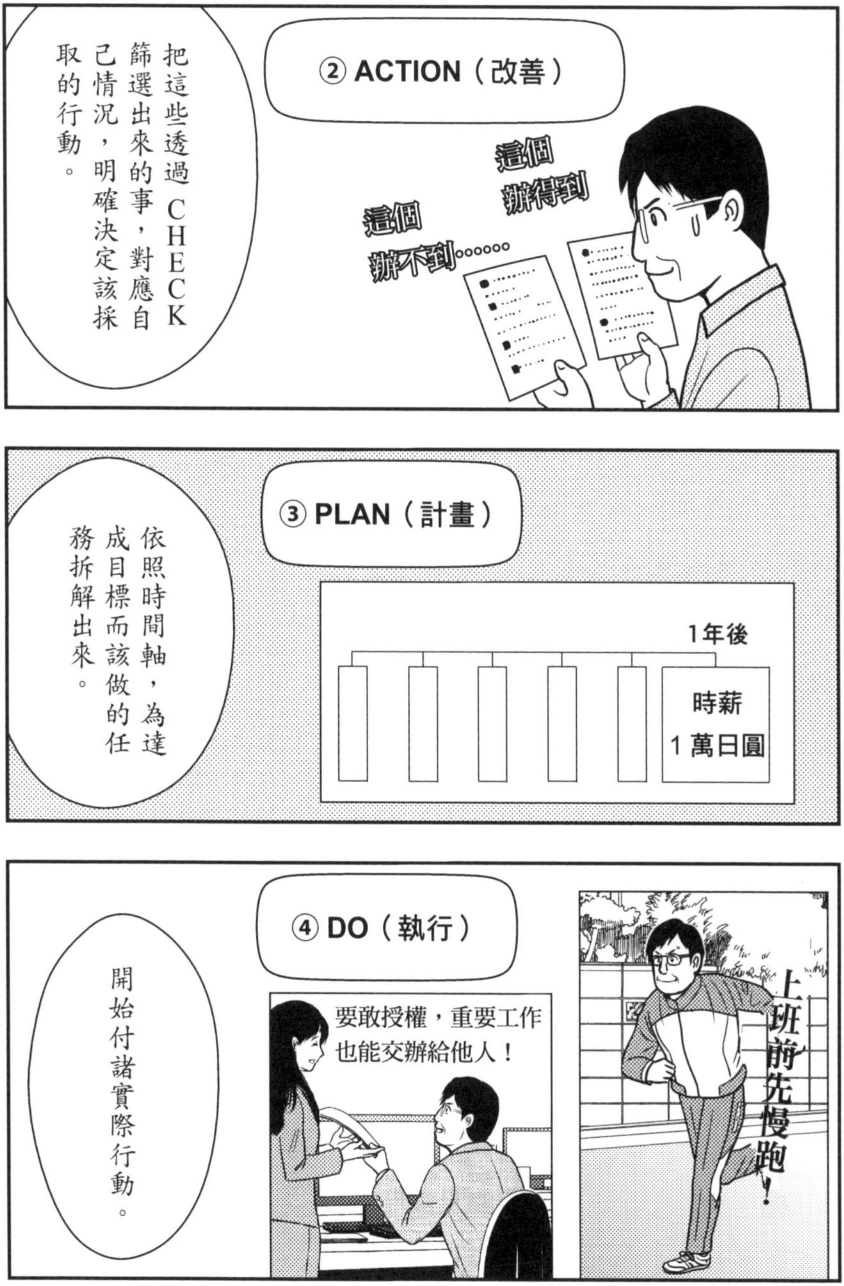
② ACTION（改善）
把這些透過CHECK篩選出來的事，對應自己情況，明確決定該採取的行動。
這個辦得到
這個辦不到……
③ PLAN（計畫）
依照時間軸，為達成目標而該做的任務拆解出來。
1年後
時薪
1萬日圓
④ DO（執行）
開始付諸實際行動。
要敢授權，重要工作也能交辦給他人！
上班前先慢跑！

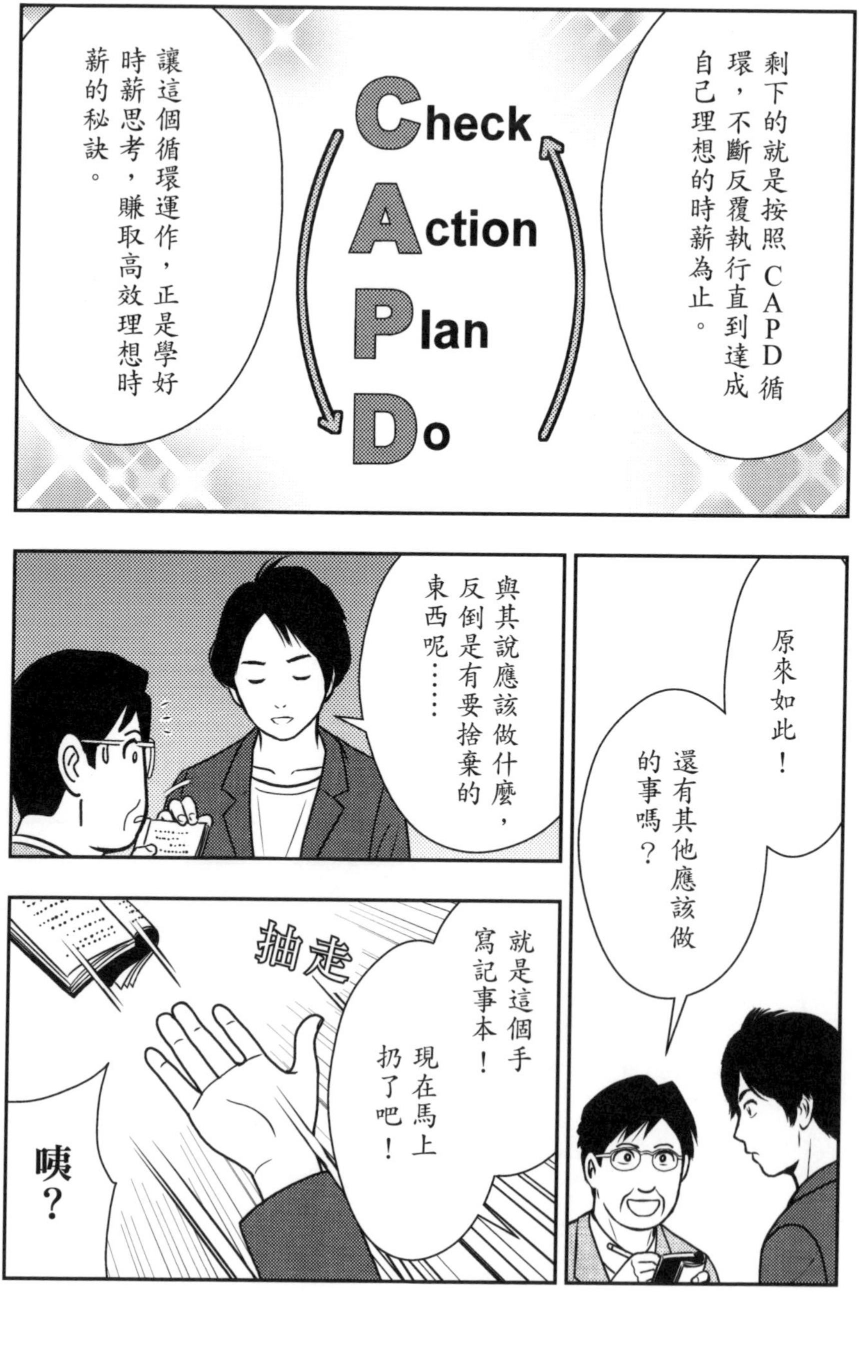
剩下的就是按照CAPD循環，不斷反覆執行直到達成自己理想的時薪為止。
Check
Action
Plan
Do
讓這個循環運作，正是學好時薪思考，賺取高效理想時薪的秘訣。
原來如此！
還有其他應該做的事嗎？
與其說應該做什麼，反倒是有要捨棄的東西呢……
就是這個手寫記事本！
現在馬上扔了吧！
抽走
咦？

雖說在紙本記事簿上寫任務清單，能讓該做的事更明確
但很難清楚顯示重要事情的優先順序。
想提高工作效率和時薪，你只能做最重要的工作。
為此，以簡單易懂的方式，管理各項工作的優先順序很重要。
所以別用紙本記事本，我想推薦的是

咚
Google 日曆
！

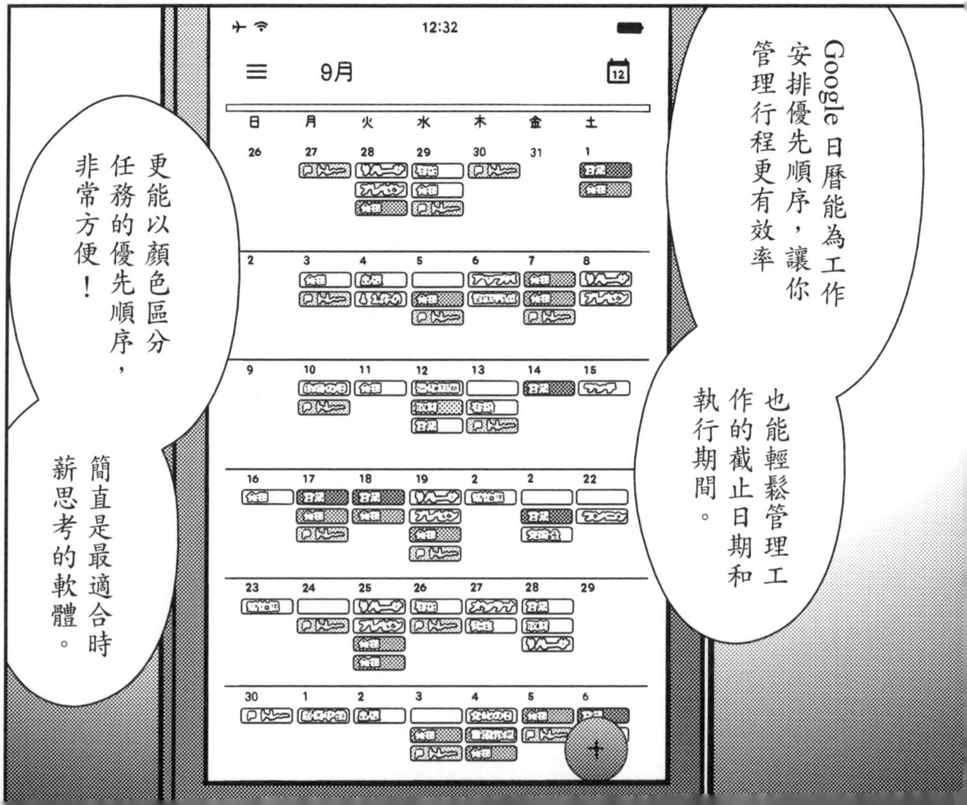
Google日曆能為工作安排優先順序，讓你管理行程更有效率
也能輕鬆管理工作的截止日期和執行期間。
12:32
9月
日 月 火 水 木 金 土
更能以顏色區分任務的優先順序，非常方便！
簡直是最適合時薪思考的軟體。

像這樣排定工作的優先順序，就能排除不做也沒關係的事，
把精神集中在該做的事，對於提升工作效率和時薪是必要條件。
例如，即便是你目前正在進行中的工作，一旦發現有非必要、最好捨棄的事，你就應該乾脆放手。

這不僅僅是經濟自由，
唯有得到時間自由，才是真正的人！
請善用時薪思考，獲得真正的自由吧！
好！謝謝!!
兩個月後——
金川顯教講座交流會場
金川老師！
是內藤先生啊！一切還順利嗎？

唉呀，多虧老師教我的時薪思考法，我自由時間大幅增加了，
也能盡情把時間用在打高爾夫球的嗜好上！
真是太好了！
只不過，最近又有了新的煩惱……
嗯？
我的高爾夫球伴增加太多，
這個人跟那個人……
打球行程變得很難安排……
那個人要換到隔天……
現在連覺都睡不好，
我該怎麼辦才好？
真該改改這種努力過頭的性格呢……

你的時間真的夠用嗎？

時間平等賦予任何人，無論你是誰都一樣。

無論是軟銀（SoftBank）的孫正義先生，或者迅銷（FAST RETAILING）的柳井正社長，如他們這般擁有非凡成就的成功人士，一天也是二十四小時、一年同樣僅有三百六十五天，和任何尚未成功的人，條件都完全一樣。

那麼，對於成功人士和不成功的人之間，為何會產生差異呢？**說穿了，那是因為成功人士比不成功的人更加擅長利用時間**。

「時間就是金錢」古往今來有多少名言闡述時間的價值，甚至還會認為時間比金錢更為珍貴。為了不浪費如此寶貴的時間，現在就來談一談如何充分且有效地利用時間吧。

收入翻增十倍的「時薪思考法」

或許我這麼問起會有點突然，但大家都知道自己的時薪是多少嗎？

「呃……時薪？我又不是打工的，只知道月薪，天曉得時薪有多少呀！」相信大多數人被這麼一問都有同感，對吧？

不過，不知道自己的時薪實在是非常危險的事，實際上如果你不清楚自己的時薪，亦即自己一小時的價值多少，就很可能深陷一輩子受人折磨、持續剝削的險境之中。

我目前過著經濟上非常滿足的生活，而且還不用每天加班到三更半夜，搞得身心俱疲，更遑論我能充分確保投入自身嗜好的時間，毫無壓力地度過每一天。

其實，直到數年前為止，我也是被工作追著跑、早出晚歸的上班族，根本無法擁有自己的時間，但即便自己如此地辛苦工作，也都沒得到滿足的收入。

我是如何讓自己的生活，在短短幾年間有了如此劇烈的變化？又如何讓生活轉變成如今我想要的理想模式呢？

原因只有一個，那就是我掌握了「時薪思考法」。

正如字面上的意思，「時薪思考法」意指掌握自己一小時內能產生多少價值的思考方式。這不僅僅只是根據期間較長的年薪、月薪或日薪觀點來看待收入，而是有自覺地思考**「自己一小時能賺多少？應該賺多少？」**。

想學會時薪思考法非常簡單，任何人都辦得到。只要你停止用一天、一週或一年這種期間較長的時間感覺來思考，轉而對自己一小時內能產生多少價值的這點有所自覺就夠了。

一旦你學會時薪思考，便能轉眼間提高生產率，因為光是對一小時的價值有所自覺，就能免於任由時間白白流逝的情況發生。

當你確實明白自己一小時能產出的價值之後，你的人生無論在精神上或經濟上都將會隨之好轉。事實上，以我來說正因為養成時薪思考習慣，不僅可自由支配的時間增加了，收入也因此翻了十倍以上。

光是學會時薪思考，就讓我擺脫無盡空轉消耗的辛苦人生。

不想成功？虛擲光陰可以如願

當你懂得用時薪來思考，便不會任由日子過得毫無意義；反之若不懂得時薪思考，便會漫無目的地度日，而且直到你迎接人生的最後一刻時，完全沒有任何成就感可言，只能無奈地空留遺憾。

我可以明確地告訴你，**缺乏時薪思考的人，無論是對事情的著眼點或行動力就會欠缺具體性而模糊曖昧**。

此外，不利用時薪思考來釐清自己為了謀生所賺得的時薪，就無法清楚區別什麼事該做與什麼事不該做。也因為這樣，甚至會出手去做「無所謂的小事」，讓自己落入浪費時間的陷阱之中。

正如本章開頭提到的，時間是平等賦予所有人的資產，與此同時也千萬別忘記時間是有限的這件事。

對於欠缺時薪思考的人來說，時間轉瞬即逝。

如果你想得到這種財富與時間不受限的理想生活，就必須以最大限度提高每小時的價值，本章將依序說明該如何辦到。

現代人往往被時間追著跑，但拚命工作可不代表你一定能得到滿意的報酬。我很肯定地認為，內心隱藏著「想要更多空閒時間」、「經濟上更有餘裕的生活」這種渺茫願望的人不在少數。對於這些不滿足於現狀的人，只要有了時薪思考法，就有可能大幅改變現狀，因為時薪思考能幫你格外提高行動與思考的品質。

無論此時此刻你處於何種劣勢之下，只消掌握時薪思考，必定能有所成長，從工作到私生活都得以大幅好轉。

珍惜手上的每一小時，是所有獲得成功與幸福的人的共通點。

立下目標，提高時薪敏感度

前面我充分提到了時薪思考的重要性，以及在你學會之後的效果，但說到底絕大多數的人們，都處在對自身時薪一無所知的情況下度過每一天。

「你現在的時薪是多少？」如果你無法立即回答這個問題，等同於證實自己沒掌握時薪思考法，那麼現在就趕緊來試算一下自己的時薪吧！

方法非常簡單。以月薪四十萬日圓的人為例，假設每週工作四十小時、每月合計一百六十小時。算式就會是這樣——

四十萬日圓÷一百六十小時＝二千五百日圓，即為這個人的時薪。

那麼，年薪一千萬日圓的人時薪是多少？我們也依樣畫葫蘆來算算看吧——

一千萬日圓÷十二個月＝約為八十四萬日圓，這是此人的月薪；接著以每月上班二十天計算，八十四萬日圓÷二十天＝四萬二千日圓，即為日薪；再以每天工作八小時計算，四萬二千日圓÷八＝約五千多日圓。

由此可以得知，年薪一千萬的人，時薪約為五千日圓。

一旦知道年薪一千萬的人有多少時薪，後續要算年薪三千萬或一億日圓的人有多少時薪就輕而易舉了。將年薪一千萬日圓人的時薪乘以三，就是年薪三千萬的人的時薪，亦即一萬五千日圓。至於年薪一億日圓的人，直接乘以十就好，即為五萬日圓。

接下來，請你試著算算自己的時薪吧。

如何？想必過半的人都對自己跟年薪一億日圓、時薪五萬日圓之間的差距很有感，不過我想也有不少人跟年薪一千萬日圓、時薪五千日圓的人之間差距不大。

你感覺如何呢？這樣算過後，是否出乎意料地發現自己的時薪其實跟年薪一千萬日圓的人差距不大，要達到時薪五千日圓的水準似乎也不無可能，對吧？

真實地狀況是，有很多人接受我的指導後，讓自己的時薪上升到超過五千日圓，因此我可以說，這絕不是望塵莫及的水準。

然而，還是有人在計算自身時薪之後，因自認達不到時薪五千日圓而放棄嘗試，關於這點也是事實。很遺憾地這種人想賺到時薪五千日圓的可能性是零。一旦放棄，一個人的進步就會呆呆地停在所處階段了。

因此，最重要的是立下目標，並朝著目標提高自己對時薪的敏感度，釐清該做與不該做的事。

時間價值放心上，真金白銀放口袋

接下來我要說明的是，藉由掌握時薪思考得到經濟自由和時間自由的關鍵之鑰；另一方面，也會說明你的思考方式，事實上是如何受限於現在所賺到的金額。

在我看來，年薪三百萬日圓的人都會把焦點放在有無穩定的收入，自己的月薪有多少，這樣的「月薪思考模式」導致他每年只會賺到三百萬日圓；對於年薪一千萬日圓的人之所以能達到這種水準，是因為他們著眼於自己的工作態度和評價能否直接反映到年收入上，故而在乎自己的年薪。

對於前面我們算出年薪一億日圓的人約有五萬日圓的時薪，我覺得這些年薪一億日圓的人，毫無例外地都會以時薪思考來辦事，因為他們絕對不做時薪低於五萬日圓的工作，而且對此充滿高度意識。

年薪一億日圓、擁有時薪思考的人，十分清楚自己什麼該做或什麼不該做，正因為這點和不這麼思考的人產生根本上的差異，兩者做事的概念與方式也就截然不同了。

換句話說，時薪思考者因為把時間價值放在心上，只會做符合自己時薪的工作。

「CAPD」，提高收入的關鍵秘訣

會拿起這本書來看的人，我想絕大多數已經出社會在職場工作，既然是社會人士，應該至少都聽說過 PDCA 這個商業框架吧。

所謂的 PDCA，即為 PLAN（計畫）、DO（執行）、CHECK（評價、檢視）、ACTION（改善）四個階段的英文首字縮寫，這是一種目標達成的方法。

為了讓你明白具體上該如何使用，我就以資格考試為例來做說明。在 PLAN（計畫）階段決定「每天做完○○頁的參考書來準備考試」等事項；在 DO（執行）階段是「參加考試，結果不合格」；接受這個結果，透過 CHECK（評價、檢視）「找出不合格的原因」；最後的 ACTION（改善）階段則是「改善念書方法」。

總之，透過這種流程來改善工作架構即為 PDCA。

由於 PDCA 是一個非常有名的商業架構，因此市面上有很多相關主題的書，其中還有不少本成為暢銷作品，這種手法深受許多商務人士信賴。只不過，我對 PDCA 抱持懷疑態度，特別是對於對某項工作的初學者，如何應用這個方法來產生成效，真的感到非常懷疑。

怎麼說呢？我覺得當一個人面對從來沒做過的事，要他第一次做就馬上立定計畫，這不只是很難抓住要點，也難有效率可言。比方說以剛剛提及的資格考試，絕大多數都是一年只有一次應試機會，若是採用 PDCA 來備考，這風險也實在太高了吧。

在我看來，**應該先從 CHECK（評價、檢視）這一步驟著手開始解決**。對於決定參加資格考試的人，首先要從檢視（C），先去了解那些通過這個考試的人都是怎麼準備的，以及其他不合格的人到底有哪裡沒做好。

然後，**依據檢視所得的結果，開始著手找出自己念書準備時的改善點（A），接著妥當地做好學習規畫（P），最後才付諸行動（D），這麼做就較機會出現你所期待的結果。**

這個從CHECK開始的方法，我將之稱為CAPD，若能夠遵循這樣的架構來依序進行，將會對於提高你的時薪帶來極大的效果。

下面我將逐步說明作法，如何運用CAPD來提高自己的時薪收入。

①CHECK（評價、檢視）

首先，列出自己憧憬或想效法的對象作為榜樣，然後檢視那個人主要都做哪些事、如何決定優先順序的方法，以及有哪些事他不會去做。

②ACTION（改善）

將透過方才CHECK步驟篩選出來的結果，一一比對自己實際的情況，確定往後應該採取與捨棄的作為。

③PLAN（計畫）

接著依照時間軸的順序，將為了達成目標所該做的任務，一一拆解出來。

④ DO（實行）

最後，真正下定決心來付諸實際行動。

當你確實運用這個方法並有所作為時，很可能又會遭遇到問題，那麼你就再次按照 CAPD 的循環，不斷地反覆修正、執行，直到你實現自己的理想為止。

我可以真確地告訴你，維持這個 CAPD 不斷地循環運作，是我學會時薪思考並有效賺取理想時薪的關鍵秘訣之一。

用 Google 日曆提升效率

想要提高自己的時薪，提升工作效率絕對是必要的條件。接下來我想說明的，就是為提升工作效率，你有哪些該做與不應該做的事情。

就我所知，很多商務人士都習慣以紙本記事簿寫下行程和待辦清單（To-Do List）。待辦清單能夠清楚顯示應該做的事情，但你不用拘泥於手寫的方式，畢竟待辦清單還有個重要項目，就是讓事情的優先順序明確化。

如同剛剛提及的，只有提升自己的工作效率，你才有辦法順利拉高時薪，此時的關鍵就會是，你只能做最重要的工作。因此，如何以快速、簡明、易懂的方式來管理各項工作的優先順序，是你相當重要的步驟。

這時我將特別地提醒你，與其執著於用手寫方式，**我倒很推薦 Google 日曆**，事實上我自己都將所有的工作項目，全都記載在 Google 日曆的待辦清單中。

Google 日曆不僅僅能排列工作的優先順序，更能有效率地管理行程。此外，它還能輕鬆管理工作的截止日期和執行期間，以及設定提醒通知，避免你的一個不小心忘記而帶來損失，真是非常寶貴的功能。

再者，Google 日曆還能用顏色區分任務的優先順序，這點對使用者來說十分便利。你只需按照緊急度高低，將任務設定紅、藍、綠、黃等顏色，一眼就能明白該從哪一項工作先開始處理。

其他還有標註星號等功能，使用上能自由地做某種程度的個人化，你只要花點功夫一定會感到無比的方便順暢。

至於手寫的記事簿，最適合於用來回顧、改善策略、反省等情況下使用。我的經驗是，越是擅長利用記事簿或 Google 日曆來一邊思考何時完成工作、一邊為工作排定優先順序的人，越能在最後獲得更好的成果。

像這樣藉由安排工作的輕重緩急，排除不需要做的事情，專注於必要的工作上，對於提高效率和時薪來說，絕對是不可或缺的條件。

不過在此之前，你必須完全清楚知道如何確立優先順序。舉例來說，任誰都曉得要優先進行緊急度高的工作，這點對於能否實現自己目標的絕對重要性，想必不用我再多說些什麼。

然而事實上，大多數人最終會以失敗收場的原因就在於，難以確實捨棄不做也無所謂的事情，甚至還有不少人錯把重心放在不重要的工作上。

為了避免這種事態發生，你一定要堅定、確實地面對不用做的事情。例如，就算是手上正在進行的工作，一旦發現其中含有非必要、割捨也可以的事務，你就應該果斷地放手、捨棄。只有像這樣明確地面對非必要之事，你才能真正落實必要的事情，讓最後的好成果充分浮上檯面。

第4章

能幫你的是「人脈」，沒助益的只是「人情」負擔

金川老師——
消沉
哇，內藤先生，好久不見了……
那之後和高爾夫球伴的問題……
就是想說這個，
我改變想法，對每一個人脈都看重，
喔

因為高爾夫，我認識了平常沒機會往來的人，希望用更積極的心態，
多少讓這些不同身分職業的人對生意帶來幫助……
但我卻不曉得該如何運用……
老師，請問有沒有善用人脈的方法？
去蕪存菁吧！
咦？

人脈不是越多越好，
只要是得不到相乘效應的人，就該毫不留情地處理掉！
咚
什麼!?
就算對方是名人或大企業社長，要是對自己沒用處也該一刀兩斷。
真的假的？
我也曾經有過這種經驗，
創業兩年以後，為了尋求更上一層樓的契機，去見了很多前輩經營者。

縱然得到很多超棒的人脈，
然而從他們身上所獲得的資訊，卻無法善加利用。
畢竟那些資訊對當時的我來說，遠遠超過我本身的能耐。
無論你的人脈品質有多好，如果不適合自己就不會有效果。
現在，能稱得上人脈的數量，我已減到三十人左右了。
這是我認為自己能容納的最佳人數。

那麼，應該和什麼樣的人建立交情呢？
這方面要看你和誰能產生更好的反應而定。
更好的反應？
一起合作會比單獨進行更能產生好結果的人。
相乘效應
亦即，能產生相乘效應才是你應該合作的對象。
各做各的工作，然後拿出兩人份成果，光是1+1=2無法產生相乘效應
1+1
=4
相乘效應意指能產生1+1大於3或4，甚至更高的成果

反過來說，無論你和多少人合作，但無法產生相乘效應也沒用。
這話根本是多餘的，但整理人脈真的很必要。
但我實在不曉得該怎麼整理……
那我們先從了解人脈的種類開始吧！
人脈主要有三種。
1. 過去的人脈
2. 現在的人脈
3. 未來的人脈

1. 過去的人脈
最典型的就是學生時代的朋友或熟人、前公司的同事等。
大致而言，結交超過五年以上的對象屬於這一類。
只不過，要剔除那種即便聯絡對方也不記得你的人，這類人無法當人脈使用。

2. 現在的人脈
目前在你身邊的朋友、熟人或同事等。
如果是至今依然頻繁聯絡見面的學生時代朋友，就不屬於「過去人脈」而要列入現在的人脈

3. 未來的人脈
你尚未遇見但今後會結交的人。
當你要開始學習什麼新事物時，有必要認識的人。

最後提到的未來人脈……是還不存在的人嗎？
對，只是個想像。
比方說，當你想鍛鍊身體時，
會在健身房遇見的教練就可歸入這一類。
原來如此。
只要像這樣整理出三種人脈，好好活用的話，
就能打造出具有相乘效應的綜效（synergy）人脈了。
過去
現在
未来
順帶一提，我是經常會想挑戰新事物的「變化型」人，
所以大多會一面假想未來人脈、一面從現在人脈中尋找能商量的對象。
現在
未来

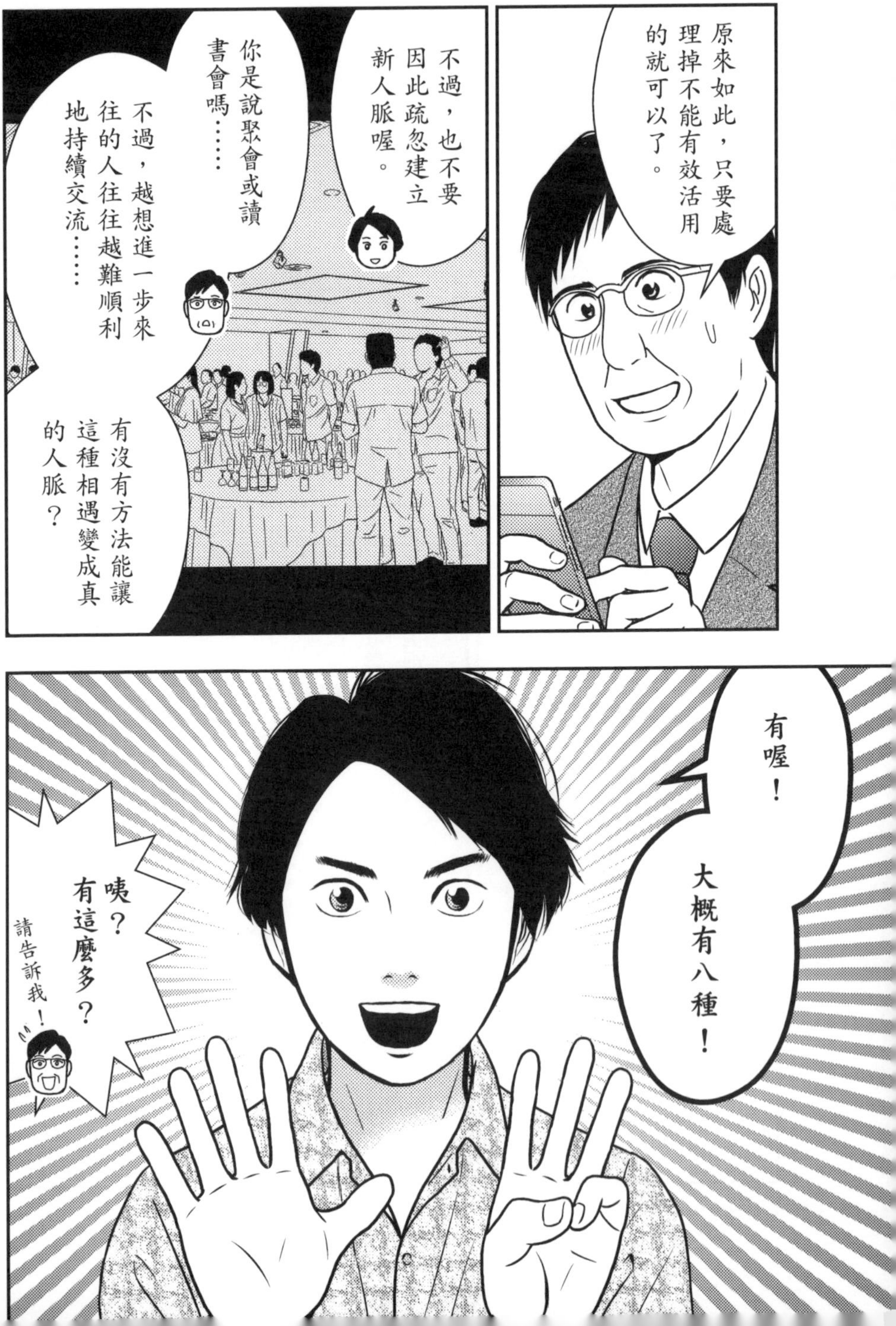
原來如此，只要處理掉不能有效活用的就可以了。
不過，也不要因此疏忽建立新人脈喔。
你是說聚會或讀書會嗎……
不過，越想進一步來往的人往往越難順利地持續交流……
有沒有方法能讓這種相遇變成真的人脈？
有喔！
大概有八種！
咦？有這麼多？
請告訴我！

1. 線上聯絡
在與不特定多數人見面的場合，比起交換名片，不如建立一個能馬上建立連結的網路工具。
比如，能馬上用手機打開的臉書這種就OK了。
2. 想認識多少人，事先設定好目標
目標10人!
若是事前知道有誰出席，就能具體鎖定絕對要說上話的對象。
若是不特定的多數人出席，就設定諸如「和多少人交談」的具體數字，把應該做的事情明確化，便能避免做白工。

3. 比起客人更應重視主人
在交流會或聚會上，和講師或主辦人建立交情很重要。
務必要結交具有高度影響力的人。

4. 探聽對方的想法
關於雙方談話的起頭，
投資和生意，您對哪一方面比較感興趣？
不妨從容易回答的問題開始，藉此縮小範圍，找出雙方有交集之處。

5. 好好介紹自己的強項
若是第一次見面，任誰都只會把你當成「來歷不明」的存在，
所以你要展現自己的「強項」或獨特之處，令對方印象深刻。

6. 對方表示感興趣後，再介紹自家商品。
關於這個……
來了！
貿然擺出推銷姿態，只會讓聽的人產生反感。
所以要一點一點帶入，等對方有興趣時再切入你想談的話題。

7.與人的談話時間要控制在十分鐘以內
出席不特定的多數人場合，要將交談時間控制在每人十分鐘內結束。
超過這個時間只會降低談話成效。
10分以內

8.記下關於對方樣貌的評論
假如對方是你今後還想繼續抱持聯繫的人，為了清楚記憶，最好留下對方的性別、年齡、外貌特徵和工作內容等紀錄。
若是透過網路聯繫的情況，我覺得留言是個好方法。

你只要照著做，就能打造出好人脈了。
筆記
筆記
我身邊有不少人因此建立能產生綜效成果的人脈。
他們的共通點就是牢牢記住「某件事」。
某件事……？
那是什麼呢？

就是「重視對方，尊重對方的人生」。
咚
為了得到綜效效果而與人一起合作，代表自己人生有一部分要花在對方身上。
誰值得自己投入一部分寶貴的人生，這種洞見，越成功的人越願意認真思考。
同時，成功人士也一定會嚴厲地審視對方如何看待下列「三項價值」。
三種價值？

第一項是時間價值！
成功人士和優秀人才，兩者共同特徵都是非常重視時間。
他們都很清楚一個事實，就是財富能增加，但時間卻無法做到。

時間價值如命，為誰付出自己的時間，等同於為對方削減自己的生命。
所以，絕對不能白白浪費對方的時間。
啊，好的！

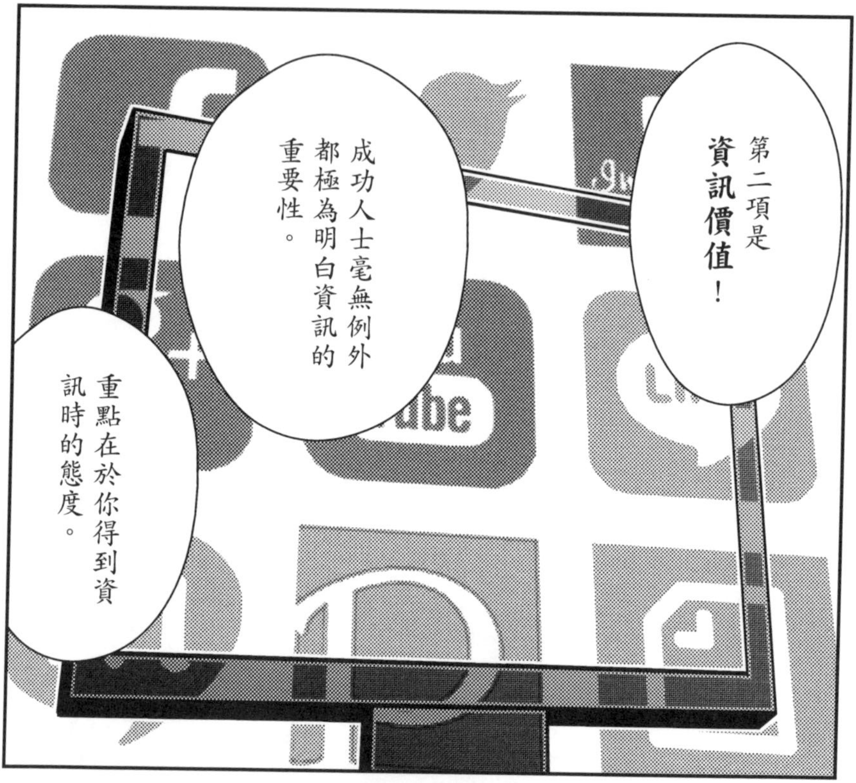
第二項是資訊價值！
成功人士毫無例外都極為明白資訊的重要性。
重點在於你得到資訊時的態度。

如果把獲得資訊視為理所當然，沒好好表示感謝的話，
對方想必不會再理睬你了。
原來如此~
對待資訊提供人，無論其內容優劣與否，你都應該表達最大程度的謝意。

第三項是人脈價值！
一般來說，剛開始要由你自發性地去建立人脈。
不過，當你的名號廣為人知時，透過他人介紹的機會將逐漸增加。

你同樣不能將這種由他人介紹的情況視為理所當然而草率面對。
對於將自己寶貴人脈介紹給你的心意，要抱持充分的理解和感謝。

這三項價值缺一不可。
請別忘了感恩之心，
建立良好的人脈吧！
是！

三個月後——
什麼？內藤先生……
你開公司了？
內藤　誠一
我從前就在想或許媒合高爾夫球伴的服務也是一門生意……
所以從我的球伴清單中，細心選擇一起合作的成員。
哇，太棒了！
這樣一來……我跟內藤先生會變成相互競爭的經營者。
以後不能隨意給你建議了。
什麼競爭對手，才沒有咧……別這樣啊，老師！
哈哈哈哈
開玩笑的啦！

全世界都為你動起來

這世上有不少超級成功人士，讓許多人都羨慕不已，然而這些獲得巨大成就的卓越之人當中，沒有任何一個人會自認為是憑藉著一己之力而達成的。

即便再怎麼成功的人，都有著遭遇諸多障礙而想盡辦法加以克服的經驗，在他們為了跨越撞牆期時，幾乎都曾接受過許多來自旁人的幫助，才得以走到如今的位置。

也正因為有許多這樣的經歷，成功人士對於人脈的重要性特別有極深刻的領悟。**事實上，擁有卓越的人脈，是豐富人生和獲取工作成就不可或缺的條件。**

這也是我將在本章中想要告訴你的，關於能夠幫助你得出成果的人脈術，藉此讓你與成功人士的距離邁進一大步。

人脈斷捨離，只留對的人

許多人一聽到「人脈」或「打造人脈」時，只會一味地聯想到要認識更多人，並和那些人積極交流。然而用這種方法來維持人脈，不只太過耗費時間和精力，也會讓你很難和好不容易結識的對象好好來往，最終這種求多卻不求效果的本末倒置方法，將無法實現你期望得到的成果。

所以，你不應該來者不拒，無論什麼人都好，而是必須嚴格挑選結交的對象。

那麼，你應該怎麼篩選，應該和什麼樣的人建立交情呢？**那就是，能促使你改變、變得更好的人。**說的更詳細一點，該留在你身邊的對象是，一起合作或是聯手工作時會比你自己獨立作業來得更容易產生好結果的人，換言之是你預期具有「相乘效應」（綜效）的人。

這裡指稱的相乘效應，意指一加一的成果會出現三或四，甚至更高的成果。假如合在一起還是各做各的事，拿出兩人份的成果充其量也只是一加一等於二而已，這樣就構不成所謂的相乘效應。

如果你能藉由聯結、協作，花相當的時間與能產生良好綜效反應的人一起共同合作，就很可能得到巨大的成果；反之和無法產生綜效反應的人合作，無論你花再多時間也是枉然。

或許我這麼說會讓你聽起來很刺耳、很無情，但「人脈斷捨離」是你絕對有必要去做的。

說到斷捨離，我想大部分人都不曉得該怎麼進行才好，就讓我先從人脈的種類開始為你說明吧。

一般來說，人脈有下列三種類型。

1. 過去的人脈

正如字面所示，指的是從前和你來往過的人，是你學生時代從小學、中學、高中到大學的朋友或點頭之交，又或者是你前公司的同事等等，這些都是很典型的過去人脈。

大致上來說，超過五年之前認識的對象都可以歸在此類，不過因為距離最後一次見面已經太久了，即便再聯絡對方他也可能不記得你，這種人是無法當成人脈來運用的，所以請你別加入這個類別之中。

你想列入「過去人脈」中的對象，最起碼也要是那種雖然有些疏遠，但哪一天萬一聯絡了對方，他也能想得起來的那種程度才行。

2. 現在的人脈

朋友、熟人或公司同事等，也就是目前在你身邊的人。如果是學生時代開始就持續深入往來、頻繁見面的人，就算很久前就認識也不算是過去人脈，而是要列為現在的人脈。

3. 未來的人脈

你尚未見過但今後很可能會遇見的人，換句話說，是當你要展開什麼新事情、學習新事物時絕對有必要認識的人。這部分或許有讓你點難以理解，舉例來說好了，當你想要鍛鍊身體時，你必然會在健身房見面的教練，就屬於這一類。

只要能善加整頓、活用這三種人脈，你便能打造出相乘效應高的綜效人脈。

於此順帶一提，我是那種永遠會想要挑戰新事物的「變化型」人，所以幾乎不曾運用過去的人脈。此外，每當我想展開新事情或想做些什麼時，常常會一邊預想未來將會結交什麼人脈，一邊思索現在的人脈中有沒有能商量的人並尋求他的協助。

讓「萍水相逢」變「志同道合」

在聚會或學習會等場合上，是結交許多新朋友的大好機會，然而你若沒有好好把握機會與初認識的人繼續交流，那麼到了最後僅會成為一次性的萍水相逢。

所以，接下來我想告訴你的，就是如何把一面之緣變成志同道合夥伴的有效方法。

1. 線上聯絡

過去初次見面都會的「紙名片」，我認為現在已經很沒必要了。「不交換名片要怎麼知道彼此的聯絡方式呢？」想必有人會這樣覺得。但其實請別擔心，只要用網路聯絡就能辦到了。

利用網際網路這種方法，還更有助於雙方互相了解，建立更強的關係。所以，出席不特定對象的場合時，請你準備好線上工具，便能快速跟人建立聯繫了。只需要用手機，馬上點開螢幕上的臉書或者 Line 就成了。

2. 想認識多少人，事先設定好目標

很多人以為參加聚會一定要把握難得機會，要盡量和更多人說上話才划算。但我奉勸你可千萬別採取這種最後不清楚和多少人聊過天的無謂行動。

要是能提前知道有誰會來的場合，你絕對要鎖定具體的談話對象，才能培養更有成效的人脈關係。假若是那種不特定有誰會參與的場合，那你就該先設定好「要和幾個人聊天」的目標數字，如此就會清楚自己該做的事情，減少做白工的機會。

3. 比起客人更應重視主人

以交流會和聚會來說，和講師或主辦人培養友好關係是很重要的，你務必要想辦法跟現場最有本事或最有影響力的人結緣。

4. 探聽對方的想法

要想打造前面所介紹的「未來人脈」，很重要的一點是，能否掌握彼此的性格和觀點，而重點就在於，有技巧地探聽出對方的想法。

假若是第一次見面的人，因為彼此幾乎都不了解對方，所以談話時基本上會以一問一答的方式展開。提問有兩種形式，一種是能直接回答「是」或「不是」的封閉式問題；另一種是以「您怎麼看？」這種讓對方自由表達看法的開放式問題。

談話的起頭，你不妨從一個封閉式提問題開始，諸如「投資和生意，您對哪一方面比較感興趣？」藉此縮小範圍，鎖定對方和自己感興趣的領域是否有所交集。不過，你要注意的是，若只一昧地提出封閉式問題，那麼就會變得像在審問那樣。因此你要適可而止，以及帶入開放式問題來了解你自己想知道的事情，便能逐步讓對方展現個人見解和為人處事。

5. 好好介紹自己的強項

在彼此初次見面的情況下，你在對方眼中只是個「來歷不明」的人，更何況大家都跟你一樣會想在現場認識很多人，因此若不給人留下深刻印象，隔天便忘記曾跟你見過面的狀況也是可想而知的。

為了避免這類事情的發生，你有必要好好展現自己的「強項」，或有別於他人的獨特性來讓人印象深刻。

6. 對方表示感興趣後，再介紹自家的商品。

有時候會看到某些人，因為時間不夠就急忙開始介紹自家的商品或生意，對於這種作為我實在無法苟同。突然間把自己弄成推銷員的姿態，這只會讓對方反感不已，所以你應該要一點一點地帶入，等對方感到興趣時再切入你想談的話題。

7. 一個人的談話要控制在十分鐘以內

除了已經鎖定好要結交目標的場合外，出席不確定對象的聚會時，與每個人的交談時間你要控制在十分鐘為限，超過這個時間就會降低雙方談話的成效。

8. 記下關於對方樣貌的評論

有種情況常常發生，那就是由於你遇到的人實在太多，結果不小心忘記自己今後還想繼續保持聯絡的那個人是誰。

為了避免這種情況發生，最好把對方的性別、年齡、外貌特徵和工作內容等訊息記錄下來。若有名片可以直接寫在上頭，若是透過線上聯繫的情況，我覺得去留個言也是不錯的辦法。

成功者銘記在心的「三個價值」

在我周遭有不少朋友，他們都有辦法建立具有產生綜效成果的人脈。關鍵在於他們都強烈意識到某件事，那就是珍惜夥伴（共事者）的存在，並且尊重夥伴的人生。

為了創造綜效成果，決定共同合作這件事，就意味著要將自己人生的一部分花在夥伴身上，然而我們都知道生命有限，任何人都不會想浪費自己的人生時間，所以對於越成功的人，他越會願意認真看清誰值得自己投入如此寶貴的生命時光。

基於這樣的考量，成功人士都會以嚴厲的目光，審視共事者如何看待「三個價值」，我接下來會依序說明。

1. 時間價值

如同前述，時間是很寶貴的，從許多人都把「時間就是金錢」（Time is money）這句話經常掛在嘴邊便可得知。不過對我而言，時間可不只是金錢（money），我更認為「時間就是生命」（Time is life），我經常在演講時會強調這一點。

像我一樣不斷累積財富的成功人士和優秀人才，他們都有一個共通點——非常重視時間。

優秀的人都深深體悟到，財富可以增加，但時間不可能增加，因此格外認真地渡過每一天。所以說時間的價值幾乎等同於生命，你為了誰而付出自己時間，就跟為了對方削減自身性命沒什麼差別。

有很多人不明白這個道理，會隨隨便便跟別人提出要求，卻不覺得為了某人的請託而「騰出時間」，其實是一件非常重要的事情。

成功人士毫無例外都極為清楚時間的重要性，因此他們會盡全力避免做出浪費合作夥伴時間的事情。這件事非常重要，請務必牢牢記住，千萬別去浪費任何人的時間。

2. 資訊價值

資訊對於獲取成功有多麼重要的這一點，我在第二章已做過說明。當然，對一個稱得上成功人士的人，無一例外都極為清楚資訊的重要性。

如果你能認識經驗豐富的人，對方或許將能告訴你各種有價值的資訊。然而若你在得到這些資訊卻只是一臉表現出理所當然的樣子，而沒好好表達感謝之意的話，我想對方八成不會再把你當成一回事了。

資訊是左右生意和投資成敗的重要關鍵，面對提供情報的夥伴，你應該表示最大程度的謝意才對，無論這個反饋和資訊是免費或者付費而來，你都應該好好感謝對方。以及，當你強烈意識到資訊的價值，自然能從看似不值一顧的談話中，敏銳地查覺到有用的訊息。

3. 人脈價值

當你剛開始著手建立自己人脈時，一般來說你需要勤跑很多地方，主動地結交想認識的人。然而隨著時間的過去，當你的名號漸漸為人所知時，經由他人介紹的情況也將逐漸增加。

即便是由他人介紹的人脈，你也絕對不可以認為理所當然地隨意應對。別人將自己寶貴的人脈介紹給你，除了要把這份心意當一回事之外，也要好好珍惜自己因此得到的人脈。

如同前述，我剛剛說明的三個價值，不論哪一個都少不得，請你要牢牢記在心裡，千萬要當一回事。

經營人脈網，要量力而為

本章開頭我曾提到，建立人脈的目的不是為了認識更多人，彼此交際往來若感覺對方是無法和你產生相乘效應的人，就沒有繼續往來的價值。

此外，還有一點需要特別注意的，就算是你認為具有相乘效應的人，但如果這種對象太多，反倒容易出現反效果，而這也是我從親身經驗所學到的教訓。

我很幸運，創業第一年就在經濟基礎上站穩了腳步；然後就在第二年起，為了尋求更上一層樓的頭緒，我去見了很多同樣是經營者的前輩。也就是說，我激勵自己更積極地開拓經營人脈。

受惠於很多超棒的緣分，我認識了各式各樣的人，而這些人都非常厲害，幾乎所有人都比我有更多的豐富經驗，消息可說是四通八達。

跟這些前輩交談，讓我得到了很多非常棒的訊息，而且幾乎都是精準度高又能獲益的內容，然而我卻沒辦法全部消化得了，沒辦法充分活用這些得來不易的資訊。

不論一個人有多優秀，能力也都是有極限的，一旦超過自己的能力範圍就會鞭長莫及了。當時的我，恐怕就是因為得到超過自身能力範圍的資訊量，才沒辦法好好處理消化。

有了這次經驗，我終於明白，擁有再好的人脈若不適合自己本身狀態的話，也不會產生任何成果。我現在把能稱作自己人脈的人數減少到三十人左右，這是我透過實際經驗，得出最恰到好處又符合自身能力的容量了。

人基本上都是貪心的，大多數人都會認為人脈要越多越好，然而貪心過度只會換來損失，這點還請你要多加留意。

第 5 章

發揮卓越致勝力，世界頂尖領導者都在做的五件事

金川老師！
吱吱
喔，是內藤先生啊
喳喳
公司還好嗎？
（人聲喧嘩）

公司運作上感覺有點吃力……
每個人剛創業時都是這樣的。
只是，用人這件事好難喔。

最近，就發生員工之間鬧不合的情況……
與其說公司運作不順，
我感覺是自己缺乏領導力。
老師也是經營者，對吧？
嗯。
身為領導人，該怎麼做才能贏得屬下信賴呢？
比方困難工作由我自己率先試著處理之類的……
總該拿出老闆的身段，對吧？
完全沒有這個必要。
咦？

坦白
我只做自己想做的事情。
不想做的事，通通交給其他人做。
什麼……?!
驚嚇
把自己「不想做的事」全交給別人，
這是團隊共事最大的好處喔。
話是這麼說沒錯……

但工作不是應該不想做也得做嗎？
這麼做部屬會服氣嗎？
嗯，他們會做得很開心喔。
……
不過，這也不表示我什麼也沒做。
畢竟身為領導人，有些事得特別留意……
就是這個！
請告訴我這個祕訣！
喔，喔喔，沒問題。

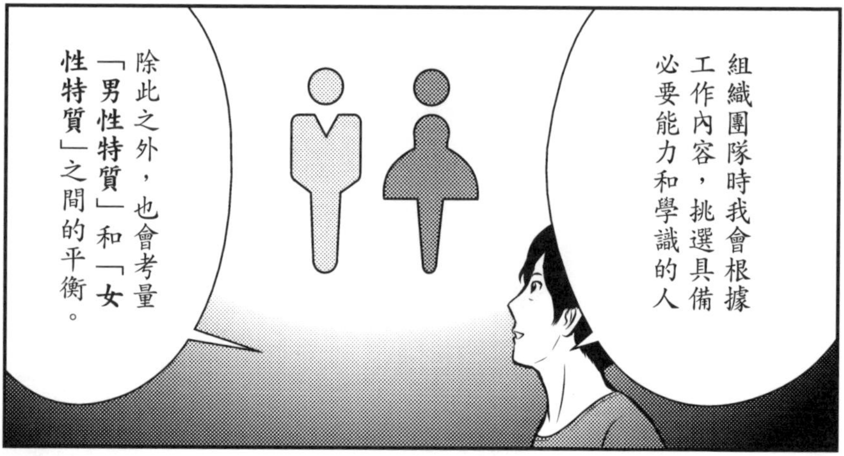
組織團隊時我會根據工作內容，挑選具備必要能力和學識的人
除此之外，也會考量「男性特質」和「女性特質」之間的平衡。

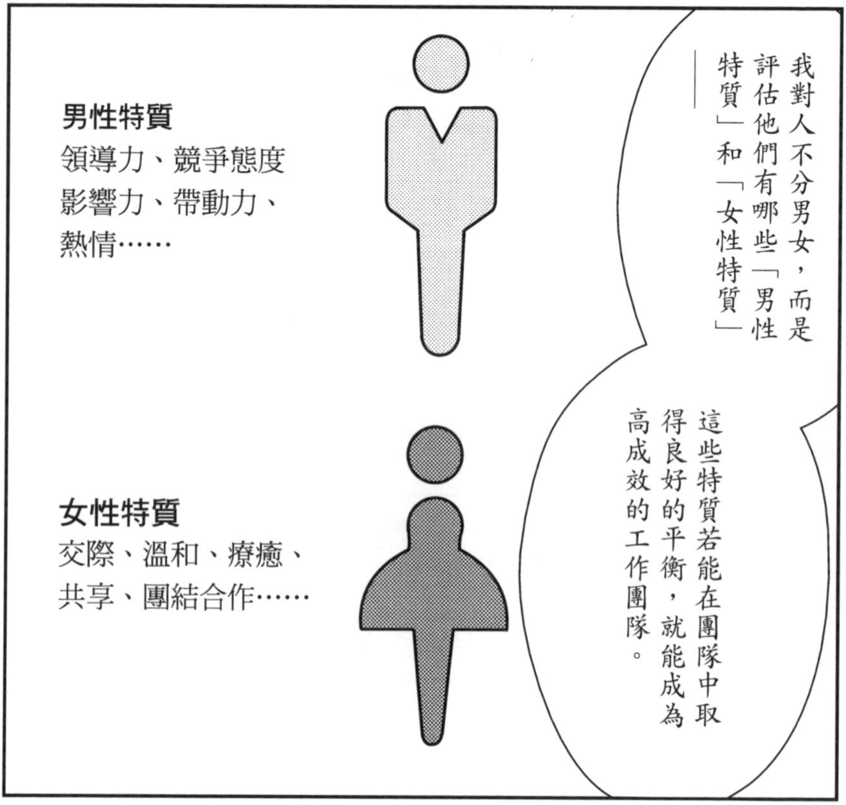
我對人不分男女，而是評估他們有哪些「男性特質」和「女性特質」
這些特質若能在團隊中取得良好的平衡，就能成為高成效的工作團隊。
男性特質
領導力、競爭態度影響力、帶動力、熱情……
女性特質
交際、溫和、療癒、共享、團結合作……

事實上，或許要歸功於這套方法，我的團隊運作得還不錯，
「互相幫忙」、「一起分享資訊」等等，就算不特別提醒，這些女性特質也自然而然地融入團隊之中。
所以若有我不想做的工作，
部下察覺後會自己會動手去做。
哇——原來如此。
不過，假如女性特質太強，有可能會缺乏不停往前邁進的動力。
我們繼續加油！
所以要確保團隊中，存在有男性這種特質的成員。

接下來，我就來談談身為領導人，在指示部下時的要訣。
好的！
我對團隊成員說明工作事項時，
一定會仔細說明「為什麼這麼做有其必要性」。
因為，人若是不明白「為什麼」，就找不到行動的理由。
Why?
要是能再加上「如果這麼做你會得到什麼」「不做會導致什麼後果」等說明，更有效果。

只不過，有時就算你做到這種地步，聽不懂的人還是聽不懂。
為了讓人真正聽懂你的指示，關鍵就在於，
要很仔細地詳查對方的性格和人品。

毫無疑問，每個人都來自不同的成長環境，
無論是個性、擅長或不擅長的事情，各有不同。
所以，我會盡量根據每個人的特質或個性，來安排適合的工作內容。
哇……這也太難了吧！
只要能讓團隊每個人工作得更開心一點，
能連帶提升辦事效率。
即便不容易，但這就是重要的領導工作。

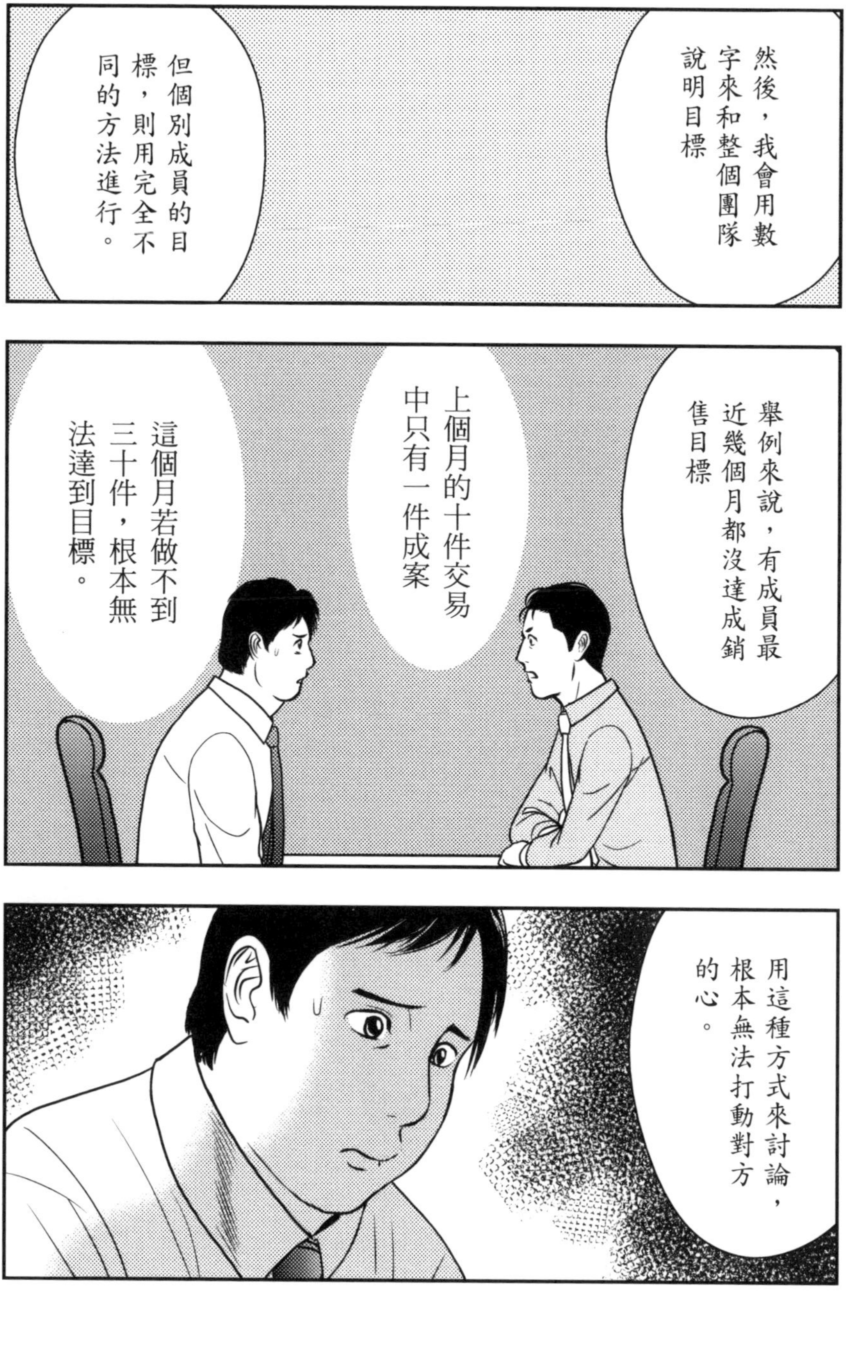
然後，我會用數字來和整個團隊說明目標
但個別成員的目標，則用完全不同的方法進行。
舉例來說，有成員最近幾個月都沒達成銷售目標
上個月的十件交易中只有一件成案
這個月若做不到三十件，根本無法達到目標。
用這種方式來討論，根本無法打動對方的心。

而是要換個方式，把這位成員的私人目標和工作目標連結起來談。
你今年的目標是想去夏威夷，對吧？
你怎麼打算，讓這件事成真？
這樣的話，你得在這個部份多加把勁比較好喔。
好的！
藉由對方高度關心的事，訴諸感情來進行。

以個人為對象的情況下，光靠數字來管理，是很難順利達陣的
反之，若能幫對方釐清「為什麼做的必要性」或「做了之後能實現什麼」等問題，
訴諸感情來打動對方的做法，最有效果
Why?
一方面用數字來管理整個團隊，另一方面則從感情面來調控個人表現，
這樣一來便能讓團隊順利運作了。
原來是這樣！

除此之外……對團隊在某種程度的「放水」，也是必要的。
放水……？
怎麼有一種不負責的感覺……
我所說的「放水」指的不是讓員工「放鬆」，是「加快腳步」的意思……
這麼做比陷入完美主義要好多了

我之前也說過，最糟的就是不行動。
以完美為目標，即便召開無數會議討論，也不一定得到好結果。
對團隊而言，最必要的就是不怕失敗，先放手一試地盡快採取行動。

只要做好五〇%的準備，就可以開始了。
GO!
總之「先做再說」！

這時領導人要出面做決定。
無懼於風險，具備率先行動的覺悟，就是領導人該做的事情。
話一旦說出口，就該立即執行。
說實在的，你可曾聽過快速的執行力會產生什麼壞處？

只要你敢於去尋找，付出時間和金錢，以及一些必要的努力，
後面就全都是額外的加分要素了。
以我來說，即使事情看起來不太順利，也會先做了再說。
一旦啟動，就會慢慢抓住手感，有問題邊做邊改善就可以了。

不管怎樣，這個階段要走在團隊前面！
領導人要搶先預知團隊勢必會經歷的過程！
這才是一個領導人該做的事！

比別人更早達成目標的人、
早別人一步，做自己想做的事的人、
已經得到大多數人沒有的東西的人
這樣的人才能擄獲眾人的尊敬。
這種人即便挑戰了什麼卻以失敗告終，也不會有什麼問題。
比起害怕失敗而不採取行動，勇於挑戰和面對失敗的領導人更受人尊敬。

一位領導人是否比自己更勇往直前，屬下都看在眼裡。
身為領導人，對於隨時被眾人關注一事要有所意識，身先士卒率先挑戰！

如此一來，便會吸引最棒的夥伴。
為了你自己，也為了一起工作的最佳夥伴們

都要持續挑戰到最後！
好的！

事情交辦的好處，有錢人都懂

我目前手上同時在經營各種生意，其實有時候已多到自己都數不清了。當然，若僅單靠我自己一人，根本無法經營這麼多生意。如同前面提到的，我之所以能處理多到數不清的工作，就在於一個祕訣——

那就是團隊。

說起團隊，假若只是隨便找來一些人，再分配工作給他們，這當然算不上我所說的團隊。為了讓團隊的作為取得最大化成果，這當中得從如何吸引人才算得上領導人應有的言行舉止，也需要很多技能訣竅（Know-how）才得以實現。

在本章中，我想來談談，為了讓團隊拿出成果，得需要有哪些技能訣竅和留心之處。

「不想做的事」，絕不動手

拿起本書的你，會覺得自己目前被交付的工作很「有趣」嗎？想必每個人因所從事的工作各自不同，也就會有各種答案吧。當然也不難想像，其中會有一小部分的人，無法充滿自信地說出自己的工作很「有趣」。

那麼，為何會覺得現在的工作不「有趣」呢？這難道不是因為你現在做的事情和自己真正想做的不一樣嗎？

不是我在自誇，但我絕對不會去做「不想做的事情」，也因此我不會為了那些「不想做的事情」，去做任何勉為其難的自我鼓勵或增加動機的行為。

在過去，既然我也是上班族，當時也只好不得不去做「不想做的事」，如今我已經可以把所有「不想做的事情」交給別人，完全不用自己動手，這讓我終於擺脫勉強自己去做「不想做的事情」的那種壓力。

把自己「不想做的事情」全部交給別人，這是我覺得以團隊來進行工作的最大好處之一。

或許有人會反駁說：「不想做的事，那就表示不做不行的工作嗎？」抱持這種想法的人，我覺得是一些不可理喻的人。不過沒關係，那些人怎麼想也都無所謂，因為我根本不在意別人怎麼想。

或許跟國民性有關，現在有很多人都很在意來自旁人的目光，而越在意旁人目光的人就會越害怕失敗，這是我多年所觀察到的。總之，這代表很多人對自己沒自信。

我認為，一個人如何正確地自我評價，是一件非常要緊的事。無論旁人以為有多幸福，只要本人沒感受到，那個人就絕對不會是幸福的；反之，一個看似不幸福的人，但只要本人這麼覺得，那他就是幸福的。終歸一句，不管周遭的人怎麼想，重點在於你對自己的評價。

當然，工作上通常都會有生意往來的對象，光是自我感覺良好也不足以成事，這種情況下，對方和旁人的評價也是相當重要的。但無論如何，你至少要在關於個人的人生信念上，保有高度自我評價，這是你首先要充分做到的事。

換句話說，無論周遭他人的評論或意見，選擇一種讓你自己感到幸福的生存方式，這點非常重要。

前面已經說過，我為了考上理想大學花了兩年時間重考，說不定當時我的朋友和同學都會以為，歷經了兩次重考，想必我一定很不好過。

然而對我來說，因為考慮到自己的將來，而心甘情願挑戰大學考試，所以完全不覺得重考這件事本身有多痛苦。

盡量減少自己被誰「強迫」，去做某事的感覺，這是很重要的一點，也是我想告訴你的。

越是認真的人，越會強迫自己忍耐著去做不想做的事情，如此一來，難免產生一種「義務感」，將你自己逼入「非做不可」的處境當中。

相信讀到這裡的你或許會這樣認為，我基本上是個很任性又自私的人，所以才會不做不想做的事，活在世上只願意做自己喜歡的事情。

但我必須告訴你的，之所以能把自己不想做的事交給他人，並且還賺到錢，正是出自於強烈有著「不想做的事不自己動手做」、「只做自己喜歡的事」的這種想法，才能辦到。

如果你也希望自己能夠「不做不想做的事」，以及希望自己一生只做自己喜歡的事，那麼你得好好地仔細想想，該怎麼做才能實現這個心願。光是你可以如此思考這件事，就已經是增加自我肯定感的關鍵。

特質平衡造就高效團隊

如同本章開頭所提到的，我同時掌管多個團隊，必須處理很多工作業務。在我看來，想要打造一個優秀團隊，極為重要的是在成立之時，除了要考量成員是否具備處理該項工作的必要能力與知識之外，也必須在「男性特質」與「女性特質」兩者之間取得平衡。

人類有男性與女性兩種性別，這一點根本不用多加解釋，但這只是生物學上的區別方式。然而姑且不論性別上的差異，我認為人類也能從本性上區分出「男性特質」與「女性特質」。

所謂男性特質，意指擁有「領導力、競爭態度、影響力、帶動力、熱情」等等，是一種強而有力、領先前進的特質；至於女性特質，則是能以「交際、溫和、療癒、共享、團隊合作」等語彙來形容，是比較偏重人際關係導向的特質。

唯有這些男性與女性特質能在團隊中取得平衡，才能成就一個把工作做好的團隊。因此在考量團隊組成時，永遠要評估每位成員的特性，了解每個人在團隊內的作用。

每個人的性情，都有與生俱來的性格，以及受到從小生長環境等的影響所塑造出來，雖說如此但還是能進行有意識地改變。比方說，男性特質強的人若想學會一些女性特質，不妨試著主動教別人自己擅長的事，有意識地特意幫助他人，就可以帶來助益。

除此之外，你也可以積極地邀請成員一起吃飯，增加彼此交情；或者導入一種只要出現獲利，就能與其他成員分享的制度會更有效果。

事實上，由於我的團隊組織運作得如上述般良好，平常不用特別提醒大家「要互相幫忙」、「一定要共享資訊」，團隊也都能自然而然地發揮女性特質。

反過來說，對於女性特質強的人若想加強男性特質，不妨刻意找件事情來嘗試自己一個人獨力完成，或者主動指揮他人怎麼處理事情，這些方法都滿有效果的。

此外，假若你想擁有競爭力，那麼就以銷售成績第一名為目標；或者想加強自己的影響力，那就想辦法成為某個計畫項目的主導人，這些都是立竿見影的好方法。

以團隊來說，即便個人全力衝刺的氣勢很重要，但同時也不該忽略和周圍的人保持步調上的一致性。**亦即，不特別偏重男性特質與女性特質的某一方，而是要在兩者之間找到平衡點，這麼做比什麼都重要。**

舉例來說，女性特質不足的團隊，很容易陷入互相爭鬥，彼此間欠缺合作與配合精神，這樣的團隊很難好好運作。另一方面，男性特質不足的團隊，則會欠缺不斷積極前進的推動力，如此團隊也很難有良好的表現。

總之，不論欠缺哪一種特質都很難打造出優秀的團隊，所以建立團隊時務必要徹底摸透每一個人身上具備哪些男性或女性特質。更甚者，每一位成員也要努力彌補自己不足之處，並以團隊共同成長為目標。

問「為何而做」而非「乖乖照做」

現在我想來談談，領導人指示下屬的訣竅。

我在向團隊成員說明工作時，總會有意識且明確解釋：「為什麼要這麼做」、「為什麼這麼做有其必要」的理由，畢竟人若不知道「為何而做」，就難以找到付諸行動的理由。

儘管某些人富有直覺、理解力高，能夠根據周遭狀況靠自己發現「為何而做」的答案；也有一些人對「為何而做」不感興趣，工作上只盤算著如何「乖乖照做，避免被罵」；以及還有那種若不明白「為何而做」就無法安心工作的人。所以，我覺得還是要先詳細說明理由，才能讓事情的進展更有效率。

以我自己的經驗來說，除了說明「為什麼有這麼做的必要」的理由之外，我還會補上「如果做了你會變得如何」以及「不做會變得如何」的告知。

即便有時候不用做到這種程度對方就可以明白，但畢竟理解程度因人而異，因此就算對方聽了很多遍，我仍會盡量反覆說明。堅持如此做法，大多數的人都將充分理解，也就不會採取錯誤的行動了。

舉個淺顯的例子，單是叫人「給我去一下超商」，被指使的人也不知道叫我去超商是做什麼，但若進一步解釋「因為口渴，幫我去超商買瓶茶」，這樣對方就清楚自己去超商做什麼了。

團隊看數字，個人動之以情

當領導人在下達指示或指導屬下時，有件事一定要牢牢記在心裡：即便說的是同一件事，也會因為接受人是誰，而有不同的解讀。**若想竭力避免這種情況發生，你就必須充分顧慮對方的性格和人品。**

每個人的出生和環境都不一樣，性格的養成也就因人而異，所擅長與不擅長的也各有不同。與其硬要人做他不擅長的工作，不如讓人進行擅長的工作，更能提高幹勁，我想這點應該不言自明。所以我會盡量根據每個人的特點和個性，調整出每個人得以發揮能力的工作內容。

設定目標的方法也一樣。

單純為每個人分配目標很容易做到，但若要根據各個員工的個性和能力來斟酌分配，老實說真的需要多花一點心力。

因此我會先用數字來說明整個團隊的目標，例如：「我們的團隊有幾個目標，到目前為止已進展目前這一步，為了達成目的要做……」這種方式，藉由數字來表達實現目標的過程。至於個人的目標管理，則要採取完全不同的手法，會用動之以情的方式來管理。

比方說，有一位員工最近幾個月都沒有達成目標業績，此時若以訓誡的語氣說：「上個月有十件交易，結果你只有一件完成，若你這個月沒談成三十件的話，就達不到目標了。」這麼做不僅完全無法引起共鳴，恐怕還會讓對方一聽完，就從此將你拒之門外了。

因此，你應該設法將這位員工的私人目標，與工作上的目標串連起來談。例如：「去夏威夷旅遊是你今年的目標，對吧？」「為了實現去夏威夷這個規劃，你會想怎麼做呢？」藉由對方高度關心的事情，來動之以情。

與其用冷冰冰的數字來傳達目標，倒不如從感情面切入，更能有效喚起對方的幹勁。

確實，數字是任何人都能理解的共同指標，以及當目標太過偏離現狀，或者需要確認特定原因之時，也很容易用於驗證。不過當你所面對的是個人時，單憑數字來管理反而很難讓事情繼續順利進行下去，這一點也是事實。反過來說，若明確地用「為什麼有這麼做的必要」、「做了之後能實現什麼」的這種從感情面來加以刺激的作法，往往更有效用。

無可諱言地，整個團隊的數字，都是來自每一位成員目標的集合體，你應該一面以數字管理整個團隊，另一方面還得以感情來掌控個人表現，這樣一來團隊就能運作得更順利了。

盡快採取行動，最重要

「放水」與否，對一個團隊來說極度重要。

我這裡說的「放水」並非要人「慢慢來，沒關係」，反而是指「加快腳步」的意思。一聽到加快腳步，很容易令人產生——「快決定」、「快報告」、「快去做」，或者事情不順利時「馬上給我打起精神」、「別磨蹭了，趕快解決」這種語氣的感覺。但正如我在之前面所提過的，「質」要藉由「量」來提升，就算耗費大量時間思考、開冗長的會議，也無法保證能得到好結果。

與其這樣，那何不無懼於失敗，總是抱持先去做、去決定、去轉換，有執行力盡快採取行動比什麼都來得重要。並且隨著數量的累積，最終品質也會跟著上來。

為了能夠快速付諸行動，有件事是你務必要謹記在心的，那就是杜絕完美主義。

很多人都要等到做好一〇〇%的準備才願意開始，但這樣往往太遲而錯過時機了。其實只要有五〇%的準備就可以去執行，即使匆促上路也無妨，縱然因為匆促上路的結果只拿到三十分，但這也無所謂，你只要檢查哪裡出問題，再想辦法讓問題回歸正軌，然後持續摸索出更好的方法，以最終達到一百分為目標。

不過話說回來，就算最後沒有得到一百分也不成問題，因為與其某一科拿到一百分，你倒不如五科拿到七十分會更好，畢竟後者的三百五十分，加總起來的分數還更高，不是嗎？

領導者的必備條件

於此容我再多說一點關於效率的事情。

有不少人會在嘴上說著：「我會做，我會去做」，結果卻動也不動，這點實在讓我備感困惑。

話一旦說出口就該馬上執行，這點根本不用我多說，不論是資金的用途，或是採取的行動，只要牢記一下決定便立即行動的話，結果就會很不一樣。

迅速採取行動到底有什麼好處？比起話說得再多，也不可能有任何成效可言，反之你若能敢於快速採取行動，除了必要的時間和金錢以及付出的努力，後面都會產生積極的成果。

因此，我就算覺得可能不會太順利，也寧可先做再說。不先試試看永遠不曉得會得到什麼，一旦做了就能漸漸抓住手感，接著也就能逐步改善了。

「說過的話要馬上去做」是身為領導人的一項必備條件。有些人總喜歡誇耀自己過去有多少豐功偉業的成就，但那些都跟一個人是否具備領導者資質，一丁點關係也沒有。之所以為領導人，就是無論如何都走在員工前面，提前掌握員工遲早會經歷的事情，才是領導人的要領之一。

比別人更早達成目標、早別人一步做自己想做的事、早早得到大多數人尚未擁有事物的人，這些人更能博得多數人的敬意。

領導人為了帶領一個團隊，就必須得到屬下的尊敬、信賴與支持，所以我才說領導人要比任何員工率先體驗這點很重要。萬一你做了某項挑戰，卻以失敗告終也不要緊，因為比起毫無作為來避免失敗，勇於挑戰、敢於失敗的領導人更令人尊敬。

舉例來說，你遇到一位想創業的年輕人，如果你有過創業失敗的經驗，就能傳授心得給對方，反之若你不曾創業過，你根本沒什麼料可拿出來教人。換句話說，創業失敗的人是先驅者，在某種意義上也應該視為成功人士。

還有一件事要請你了解，屬下也都會以嚴厲的目光，關注領導人如何領先自己，身為一位領導人，你應該對這些目光有所意識，盡快接受挑戰與有所行動。

結語

付諸行動，才是最後贏家

對於讀本書到最後的人，容我致上感謝之意。我更相信你之所以拿起本書，一定是出於想改變現狀。

我以自身的經驗為基礎，介紹給你成功的心法、習慣濃縮成四大重點「資訊收集、時間術、人脈術、團隊育成術」，若要讓四個重點一次到位實非易事，你可以先從中挑選一個自己感興趣的，先試著實踐看看。

關於「資訊收集術」，我在前面有提到，光是輸入是絕對不行的，如何輸出也很重要。然後就是抱持斷然前進的勇氣。千萬別害怕失敗，只要邊行動邊修正軌道就行了。請你首先要從重視付諸「行動」開始。

再者，時間是有限的。關於「時間術」，我希望大家養成計算自己時薪的習慣，而且激勵自己藉由改善安排工作優先順序的技巧，來提高工作效率。

當事業擴張時，光靠你一個人來做是有限度的，而我也在「人脈術」章節中，說明如何整頓過去的人脈，以及如何建立未來人脈的方法了。

至於「打造團隊」，你首先要有帶動他人的魅力，你可以參考我所說明建立團隊時的關鍵溝通技巧。

上述一切方法的共同點，就是除非你願意採取行動，否則不會產生任何改變。

「聰明的傻瓜」一定會先行動，以及找出自己辦不到的原因，拒絕停滯不前，而答案就從為問題思考解決對策開始。你接著要誠摯地去實踐這個目標，即便失敗了，也只做反省但絕不後悔。邊行動邊修正，絕不停下腳步……除了反覆執行，別無其他。

你要做的僅僅就是「做你喜歡做的事」就夠了，更別說還能因此賺到錢。成功沒有或早或晚的問題，付諸行動的才會是贏家，如此而已。並且在這之後，你將不再只是一個人，而是要打造一個團隊，為旗下的員工帶來幸福；你不再僅僅滿足於自己一個人獨享這份自由，而是把一路走來的成功法則傳授給你的夥伴。

我寫下本書的初衷，在於不希望這份成功只到我自己為止，希望周圍的人都能從中得到收穫。此外我也期望能激勵本書的讀者，利用我的經驗鼓起勇氣去行動。只要你願意行動，必定會讓事情做出改變。

我的心願是哪怕多一個人也好，想讓更多人掛上笑容；我發自內心期望你的人生。盡快接近自己理想中的樣貌。

金川顯教

二〇一九年四月　吉日

金川顯教著作列表（截至 2019 年 3 月）

1.《Change ～改變想法就能把人生困境化為機會！》（チェンジ～人生のピンチは考え方を変えればチャンスになる！～），Sunrise Publishing
2.《年收三百萬只會漏財、年收一千萬能更有錢、年收一億金錢和時間一起增加》（年収 300 万円はお金を減らす人 年収 1000 万円はお金を増やす人 年収 1 億円はお金と時間が増える人），Sunrise Publishing
3.《輕鬆、簡單、有趣！初學者的博彩投資入門》（ラクラク・かんたん・超楽しい！はじめてのブックメーカー投資入門），秀和 System
4.《現在就丟掉你的錢包》（財布はいますぐ捨てなさい），Sunrise Publishing
5.《最強 CAPD 法則》（すごい効率化），光現出版。
6.《二十歲怎麼活，決定往後九成的人生！》（20 代の生き方で人生は 9 割決まる！），Kanki 出版
7.《靠這個成為有錢人，終生遠離貧窮》（これで金持ちになれなければ、一生貧乏でいるしかない），Poplar 社
8.《人生很美好！》（人生はワンダフル！），Sunrise Publishing
9.《每天 Change 手帳》（毎日チェンジ手帳），扶桑社
10.《一小時拿出十倍成果的最強最快技巧：思考時薪》（1 時間で 10 倍の成果を生み出す最強最速スキル　時給思考），Subarusya
11.《我以初學者之姿學會房地產投資》（初心者を代表して不動産投資について教わってきました！），Sunrise Publishing
12.《樂天、雅虎！能賣的地方不只 Amazon！決定版　無庫存轉賣入門》

（フリル、ヤフオク！ Amazon だけじゃない！決定版　無在庫転売入門），秀和 System

13.《相乘人脈術》（シナジー人脈術），ASA 出版

14.《虛擬貨幣投資入門》（仮想通貨投資入門），秀和 System

15.《就算一個人，你也活得下去》（ひとりでも、君は生きていける），學研

16.《小說　CHANGE ～捨棄菁英之路也想要的東西》（小説　CHANGE ～エリートへの道を捨てても僕が欲しかったもの），Sunrise Publishing

17.《超強學習法》（すごい勉強法），Poplar 社

18.《三秒決斷思考　要做還是馬上做？》（3 秒決断思考　やるか、すぐやるか），集英社

19.《明天也別太執著，金錢與工作與幸福「最佳化」的精神重建法》（明日も、こだわらない日にしよう　お金と仕事と幸せを「最適化」するメンタルリセット），主婦與生活社

20.《每天 Change 手帳 2.0》（毎日チェンジ手帳 2.0），扶桑社

21.《打造自動賺錢的超強團隊》（いつの間にか稼いでくれるすごいチーム），KADOKAWA

22.《用一隻手機賺一億元的技術》（スマホ 1 台から 1 億円稼ぐ技術），德間書店

23.《年收三百萬人的壞習慣、年收一千萬人的好習慣、年收一億元人的超強習慣》（年収 300 万円の人の悪習慣　年収 1000 万円の人の良習慣　年収 1 億円の人のすごい習慣），Sunrise Publishing

24.《聰明人都實踐的輸出力法則》（仕事と人生を激変させるなら 99.9％アウトプットを先にしなさい），新樂園

25.《超強副業》（すごい副業），Poplar 社

26.《所有人都該學會不輸給人工智慧的「經營學」》（AI に負けないためにすべての人が身につけるべき「営業学」），KADOKAWA

國家圖書館出版品預行編目 (CIP) 資料

你 22 歲前就該懂有錢人的逆思考：跟著常規走只會受困「平庸鳥籠」！人生關鍵點，你得和別人想法不一樣 / 金川顯教著；高橋功一郎漫畫；譯．-- 初版．-- [臺北市]：方言文化，2020.10
208 面；14.8×21 公分
譯自：マンガ　稼ぐ人に共通する、最強の法則　頭のいいバカになれ！

ISBN 978-957-9094-81-8(平裝)

1. 成功法　2. 生活指導

177.2　　109011309

你 22 歲前就該懂有錢人的逆思考

跟著常規走只會受困「平庸鳥籠」！人生關鍵點，你得和別人想法不一樣

マンガ　頭のいいバカになれ！稼ぐ人に共通する、最強の法則

作　　者　金川顯教
漫　　畫　高橋功一郎
譯　　者　高佩琳
總 編 輯　鄭明禮
責任編輯　高鶴軒
業 務 部　康朝順、葉兆軒、林子文、林姿穎
企 劃 部　王文伶
管 理 部　蘇心怡、陳姿伃、莊惠淳
封面設計　張天薪
內頁設計　莊恆蘭

出版發行　方言文化出版事業有限公司
劃撥帳號　50041064
電話／傳真　（02）2370-2798／（02）2370-2766

定　　價　新台幣 320 元，港幣定價 106 元
初版一刷　2020 年 10 月 07 日
I S B N　978-957-9094-81-8

方言文化